AF474476

L'ENQUÊTE

DES TRAVAILLEURS

SUR LES RÉFORMES SOCIALES

SANCERRE

IMPRIMERIE ET LITHOGRAPHIE A. AUPETIT.

1876

AVANT-PROPOS

CHERS LECTEURS,

Le volume que nous vous offrons contiendra dix cahiers qui seront livrés aux souscripteurs de mois en mois, plus souvent s'il nous est possible.

Le prix de chaque livraison est de *dix centimes*; le volume complet, *un franc* broché, franco pour toute la France.

Ce premier volume contiendra des idées générales sur les améliorations que nous réclamons ; un deuxième volume abordera les applications pratiques.

Nous n'avons pas besoin de nous étendre pour vous faire connaître l'importance du sujet, le titre vous le dit assez. Lisez l'*Enquête des Travailleurs sur les réformes sociales*, cette lecture vous donnera, nous l'espérons, une opinion favorable des sentiments démocratiques de l'auteur.

L'idée de cet ouvrage nous est venue à l'époque des élections générales dernières. Ayant eu l'occasion d'étudier les hommes et les programmes, nous nous sommes aperçus que les travailleurs avaient beaucoup à faire pour peser dans la balance politique de toute leur véritable importance.

Durant plus de quarante années, et dans toutes les circonstances, nous avons étudié avec sympathie les besoins et les droits populaires; nous pouvions donc, sans effort, indiquer les améliorations sociales nécessaires et les moyens de les obtenir : c'est ce que nous faisons et ce que nous continuerons à faire.

Dans les deux premiers cahiers, d'accord avec quelques citoyens dévoués, nous avons indiqué les principes et le but d'un Cercle des Travailleurs. Ce projet recevra tout son développement avec le progrès de nos libertés et à mesure que des lois favorables au droit de réunion et d'association seront promulguées. La République nous donnera promptement ces lois si nous savons les réclamer avec persistance.

En attendant, nous conseillons aux travailleurs de se voir, d'user de toute la latitude que les lois actuelles peuvent nous donner ; nous leur conseillons surtout de s'affranchir de la tutelle des directeurs de l'opinion publique; il faut que chaque homme, que chaque électeur, quel qu'il soit, ait la conscience de ses actions.

Ce qui ne veut pas dire que nous devons nous isoler et ne pas recevoir des conseils et des instructions lorsque nous avons besoin d'être fixés sur les hommes et sur les doctrines ; bien au contraire, tout en conservant notre liberté d'action, nous devons chercher à nous éclairer réciproquement dans l'intimité ou dans les réunions publiques.

Notre *Enquête des Travailleurs sur les réformes sociales* a pour objet cet enseignement mutuel des citoyens entre eux, qui devra nous délivrer des ambitieux et des égoïstes.

EUGÈNE CHEVALLIER,
Membre du Cercle des Travailleurs,
en formation, 11 *rue du Jour, à Paris.*

Nous prions ceux qui auraient des communications à nous faire à les adresser à M. Eugène CHEVALLIER, 11, rue Gabrielle, à Montmartre.

L'ENQUÊTE

CERCLE DES TRAVAILLEURS

SES PRINCIPES ET SON BUT

La démocratie pacifique vient d'obtenir un premier et très-important succès : elle a démontré sa puissance et sa sagesse.

A nous tous, citoyens, qui composons cette démocratie, de nous comprendre, de nous unir pour marcher ensemble dans une même pensée de justice fraternelle, afin de continuer et de compléter ce succès.

Les hommes généreux qui vivent et qui souffrent avec la masse du peuple, peuvent seuls travailler efficacement aux améliorations sociales, aux réformes nécessaires à notre perfectionnement.

*
* *

Nos pères ont livré le grand combat; ils ont lutté vaillamment contre les abus : vénérons leur mémoire et profitons des enseignements qu'ils nous ont laissés.

Mais, si nous devons comme eux être fermes et

désintéressés pour faire triompher nos principes, nous n'avons plus à employer les mêmes moyens.

L'histoire de la lutte de cent ans, qui finit, doit nous apprendre qu'une ère nouvelle commence pour nous.

C'est la lutte encore, lutte qui sera longue et pénible, il ne faut pas se le dissimuler ; lutte qui profitera plus à nos enfants qu'à nous-mêmes. Cependant, ce que nous obtiendrons au temps présent nous donnera au moins la satisfaction de penser que nous aurons utilement travaillé pour les générations à venir.

*
* *

Notre Cercle des travailleurs a un but très-sérieux qu'il cherchera à atteindre par tous les moyens légaux : il veut purifier le suffrage universel pour obtenir la véritable représentation nationale.

Les intérêts sociaux ont été jusqu'à présent bien inégalement représentés, et c'est cette inégalité qui a maintenu jusqu'ici la rivalité entre ce qu'on appelle les classes de la société, rivalité qui s'est trop souvent traduite en guerre civile. Les révolutions, les guerres civiles ne sont que l'explosion de rancunes longtemps contenues.

On a pu imposer aux Français le premier Empire ; la France a dû subir les Bourbons, imposés par la coalition des souverains étrangers ; elle s'est laissée tromper par Louis-Philippe et son gouvernement ; elle s'est laissée violer, amoindrir, démoraliser par les hommes du Deux-Décembre.

Mais, dans un jour de colère, elle a toujours su renverser la tyrannie et faire connaître son intention d'en revenir aux principes de la République démocratique.

Il est donc sage, pour prévenir de nouveaux déchirements, d'organiser le gouvernement de la véritable démocratie qui nous donnera la paix sociale.

Car nous n'aurons la paix sociale assurée que lorsque chaque citoyen aura, dans notre société, la place qu'il mérite, la place qu'il a droit d'y occuper par ses talents et par ses vertus.

*
* *

Lorsque la République assurera à tous les citoyens les moyens de grandir moralement et matériellement, en donnant à l'homme tout son développement ; quand les plus dignes, les plus généreux, les plus justes gèreront les affaires publiques ; quand nos répresentants, au lieu d'être pris dans une aristocratie, seront choisis avec discernement dans le peuple entier pour défendre tous ses intérêts, — surtout les intérêts des faibles qui sont toujours les plus respectables, — alors, mais seulement alors, nous aurons le paix sociale.

*
* *

Nous arriverons assez promptement à cet idéal, si tous les hommes dévoués à la démocratie par principes de solidarité fraternelle et d'humanité peuvent se faire comprendre de tous ceux qui veulent la justice dans le devoir comme dans le droit.

C'est pour servir ces idées que le CERCLE DES TRAVAILLEURS fait appel, dans un esprit de concorde et d'union, à tous les citoyens qui souffrent de l'état actuel des choses et qui désirent obtenir régulièrement des améliorations progressives.

*
* *

Lorsqu'une question scientifique importante est à l'ordre du jour, les savants compétents se réunissent pour l'étudier, et ils font tout ce qu'ils peuvent pour résoudre les problèmes posés ;

Quand une maladie épidémique désole une contrée, les médecins recherchent le principe du mal et les moyens de le faire disparaître ;

Il y a tous les jours des réunions d'hommes que des intérêts rassemblent ; ils mettent en commun leurs lumières, afin de prendre les mesures les plus convenables pour faire réussir leurs entreprises et pour sauvegarder leurs intérêts.

Ces savants, ces médecins, ces hommes d'affaires, nous indiquent à nous, travailleurs, ce que nous devons faire.

Nous aussi, nous devons nous grouper pour chercher à guérir le mal qui, comme la lèpre, s'étend d'une manière effrayante sur tout le corps social.

Nous ne devons pas craindre de mettre à nu les plaies hideuses qui nous dévorent, et que certaines gens trop pudiques voudraient cacher aux yeux. Pour connaître un grand mal, il faut le voir dans toute sa laideur.

*
* *

Dans notre société française, il y a des côtés brillants et des côtés sombres ; mais le remède est à côté du mal.

Il dépend de nous, travailleurs, d'éclairer les côtés sombres, et ensuite nous pourrons vivre dans la paix et dans l'union.

Notre société a été transformée par la révolution, à la fin du XVIIIe siècle ; puis, le progrès a été entravé dans sa marche par l'Empire ; nous ressentons cruellement aujourd'hui les effets de cet arrêt forcé.

Au lieu d'harmoniser, dans une juste mesure, les rapports des citoyens entre eux, les monarchies qui se sont succédé, ont mis tout en œuvre pour troubler les esprits et les intérêts.

Quelques-uns ont eu tous les avantages, toute l'influence et en ont abusé ; les autres, le grand nombre, leur a servi de marchepied. Par les préjugés, les vices, l'ignorance et une foule d'autres moyens, on a annulé la force du nombre : on a divisé pour régner.

*
* *

Devons-nous employer pour nous relever la force brutale et les moyens indignes que l'on a trop souvent employés contre nous ? Non. Contentons-nous d'employer la force du droit, appuyée sur la justice.

Le Cercle des Travailleurs se propose d'étudier les réformes pratiques, qui peuvent améliorer le corps et l'esprit des citoyens, en améliorant la position sociale de chacun.

Il veut le faire avec des intentions bienveillantes pour tous ; sans hostilité contre les heureux du monde, mais en vue de faire disparaître peu à peu toutes les causes qui perpétuent la misère et ses conséquences funestes : les vices et l'ignorance.

Les réformes que poursuivra le Cercle des Travailleurs et qu'il espère obtenir, auront pour résultat de faire cesser cet antagonisme fatal qui met la division entre les hommes.

Notre Cercle mettra tous ses soins à rapprocher les travailleurs des campagnes des travailleurs des villes, pour qu'ils agissent ensemble au relèvement des personnes qui ne sont pas irrémédiablement indignes.

Le travail amélioré, protégé par des lois libérales ; l'éducation, l'instruction nationale et anti-cléricale produiront, dans notre pays, les changements que nous désirons.

Le Cercle des Travailleurs croit pouvoir compter sur l'union et le dévouement de ses Membres, pour hâter cette importante révolution pacifique.

Le Cercle des travailleurs favorisera toutes les entreprises populaires qui lui paraîtront avantageuses à la nation.

Il mettra en rapport les hommes dévoués aux principes démocratiques qui voudront travailler aux réformes sociales : — ce rapprochement d'ouvriers de tous états aura l'avantage d'agrandir les idées et les sentiments de fraternité.

Le Cercle favorisera la formation de sociétés coopératives de production, de consommation et autres ; — il étudiera celles qui existent et aidera, s'il le peut, à les étendre et à les perfectionner.

Son intervention bienfaisante pourra déterminer la solution de difficultés plus apparentes que réelles, qui empêchent souvent la création ou la réussite des meilleures institutions.

*
* *

Le Cercle des travailleurs sera une espèce de jury arbitral, qui étudiera toutes les questions sociales au point de vue pratique.

Il se propose de pacifier les esprits, en faisant disparaître les luttes et les antipathies entre les travailleurs.

Il interviendra, quand il le pourra, pour procurer du travail et pour soulager les misères respectables, par l'organisation de souscriptions, en attendant que l'on puisse faire mieux.

Lorsque le Cercle des travailleurs sera bien connu et qu'il aura produit des actes importants, on viendra très-certainement le consulter dans les circonstances importantes et difficiles ;

Il sera toujours à la disposition de ceux qu'il pourra servir, et, pour faire le bien, pour mériter la confiance populaire, il cherchera à concilier les intérêts par la vérité dans la justice.

*
* *

Il est une très-importante question sociale, que le Cercle des travailleurs prend particulièrement à cœur de résoudre favorablement pour le bien du pays ;

C'est le rapprochement des travailleurs des campagnes et des villes : l'ignorance et la perfidie ont fait naître des rivalités qui doivent cesser.

La raison le veut, et nos intérêts, aux uns comme aux autres, réclament cet accord indispensable.

Le Cercle emploiera tous les moyens légaux pour communiquer avec les campagnes, pour démontrer à tous la nécessité de l'union dont nous parlons.

Nos bonnes et bienveillantes paroles, aux hommes des champs, leur feront comprendre que leurs intérêts sont solidaires avec les nôtres ;

Que notre union nous donnera la force, et le suffrages universel la justice que nous réclamerons au nom de l'égalité civile et de l'équité.

La République doit être favorable aux ouvriers en général, mais surtout à ceux des campagnes qu'elle va émanciper, par l'instruction et par des institutions favorables à la liberté, à la dignité humaine.

Réclamez avec nous des réformes, travailleurs des champs, afin d'obtenir ensemble des améliorations ; nous voulons, comme vous, l'ordre et la paix ; comme vous aussi, nous voulons que notre sort s'améliore.

*
* *

Notre Cercle ne fera pas de politique irritante, mais il est impossible, à des citoyens qui veulent travailler dans l'intérêt du pays, de ne pas s'occuper de politique ; nous en ferons beaucoup au contraire, et nous tâcherons d'en faire de la bonne, pour que notre action, en ce sens, soit très-utile à nos concitoyens.

Nous étudierons les hommes politiques sans passion, mais avec une sévère justice : nous savons leurs promesses, nous apprécierons leur conduite et leurs actes.

Nous rechercherons dans la masse du peuple des

hommes sérieux, capables et dignes de nous représenter, et nous serons heureux si, dans quatre ans ou plus tôt, nous pouvons contribuer à faire arriver à la représentation nationale des hommes de tous états : laboureurs, vignerons, artisans, afin que la démocratie soit une vérité et que tous les intérêts aient voix dans les conseils de la nation.

Pour défendre nos idées politiques et sociales, nous créerons un journal qui s'occupera spécialement des besoins populaires, des améliorations et des réformes de toutes sortes que notre société actuelle doit subir pour donner à tous les citoyens une plus grande somme de bien-être.

Ce journal, rédigé par les travailleurs eux-mêmes, sera une tribune accessible à tous ceux qui auront des idées pratiques à émettre sur les réformes devenues nécessaires, indispensables, et sur une meilleure organisation du travail.

Nous faciliterons le pétitionnement pour faire connaître nos besoins à nos représentants, afin d'obtenir les satisfactions auxquelles nous avons droit.

Le titre de notre Cercle et de notre journal sera une vérité : nous ferons une enquête permanente sur les hommes et les choses, en vue de tout améliorer.

*
* *

Le Cercle des Travailleurs a un autre grand devoir à remplir, auquel il ne faillira pas : c'est de s'occuper de l'instruction du peuple.

Nous ferons pour cet objet important tout ce qu'il

nous sera possible, en dehors de notre cercle, pour favoriser l'enseignement démocratique.

Quant au Cercle lui-même, il aura pour ses Membres des cours, des conférences, des bibliothèques et des lectures publiques.

Les conversations sérieuses et les habitudes régulières des Membres du Cercle serviront puissamment, par l'exemple, à la moralité publique.

Le Cercle des Travailleurs s'occupera autant du perfectionnement moral de l'humanité que de son intérêt matériel : nous voulons agrandir l'esprit et les sentiments des citoyens sans négliger leur bien-être ; car il faut l'un et l'autre pour faire l'homme complet.

*
* *

Notre Cercle veut tout faire au grand jour ; notre entreprise est trop généreuse, nos intentions trop pures, notre influence trop favorable à l'ordre véritable pour que nous ayons rien à craindre des agents de l'administration républicaine.

Nous n'avons encore eu que des réunions privées pour étudier notre projet et pour nous grouper, mais bientôt nous aurons un local, et l'autorité recevra notre déclaration.

*
* *

Notre œuvre philantropique est appréciée comme elle mérite de l'être ; les hommes dévoués et désintéressés ont toujours été nombreux en France parmi les travailleurs. Leur empressement, que beaucoup mettent au service des idées que nous venons de développer, en est une nouvelle preuve. Travaillons donc ensemble, résolûment et sans nous lasser, car nous avons entrepris un rude labeur.

Aux maladies sociales, qui nous affligent et nous humilient, nous ne prétendons pas apporter des moyens aussi peu efficaces que la charité matérielle : l'aumône ; nous voulons donner notre âme : la charité de l'amour fraternel.

Amis de l'humanité, à l'œuvre ! Le mal est grand, immense ; le travail sera long et pénible. A l'œuvre ! Plus de phrases inutiles, plus de luttes personnelles.

« L'amour est plus fort que la guerre ; » pas de colère, mais du courage ; soyons patients, vigilants et opiniâtres.

A chaque jour sa tâche : un progrès aujourd'hui, une amélioration demain, et ainsi toujours. « Tout pour le peuple, tout par le peuple. » Le peuple, c'est la nation tout entière, sans aucune distinction, sens aucun privilége.

Paris, le 1er mai 1876.

Les membres de la Commission d'initiative du Cercle des Travailleurs,

Lavoisey, 9, rue du Jour, 1er arrond.
J. Collas, 42, rue aux Ours, 2e arrond.
Béguet, 30, rue Feydeau, 2e arrond.

E. RATTIER, 62, rue de Gravilliers, 3e arr.
MARCELIN, 14, rue Maître-Albert, 5e arrond.
A. GRAND, 14, rue Beethoven, 16e arr.
Ferdinand VINCENT, 58, rue Blomet, 15e ar.
GENTY, 113, rue du Mont-Cenis, 18e arr.
Eugène CHEVALLIER, 11, rue Gabrielle, à Montmartre.
BESSIÈRES, 3, rue Vilin, 20e arrond.

Adresser les renseignements au citoyen Eugène CHEVALLIER, 11, rue Gabrielle, à Montmartre.

Paraîtra prochainement :

L'ENQUÊTE

JOURNAL DES TRAVAILLEURS

Cet organe, rédigé par les travailleurs eux-mêmes, sera une tribune accessible à tous ceux qui auront des idées pratiques à émettre sur les réformes devenues nécessaires, indispensables et sur une meilleure organisation du travail. Ce journal justifiera son titre en poursuivant une enquête permanente pour connaître les abus. Il mettra, en outre, tous ses soins à rechercher les remèdes les plus efficaces pouvant guérir les plaies de notre société.

Sancerre. — Imprimerie de A. AUPETIT.

L'UNION FAIT LA FORCE

Les Membres de la Commission d'initiative du Cercle des Travailleurs croient utile d'exposer, dans une série de brochures, l'importance de l'œuvre que le Cercle se propose d'accomplir.

Ce deuxième cahier a pour objet de faire comprendre à nos concitoyens l'importance de l'union, les conditions de cette union et les avantages qui doivent en résulter en augmentant la force des travailleurs, et, par conséquent, leur dignité et leur bien-être.

Nous avons beaucoup réfléchi sur la marche que nous devons suivre, sur les précautions que nous devons prendre pour assurer à notre entreprise le succès que mérite notre institution philantropique, et nous venons fraternellement vous soumettre nos réflexions.

*
* *

Lorsque nous avions un monarque qui se disait notre maître en vertu d'un prétendu droit divin, nous devions combattre ce mensonge, cette usurpation.

Mais aujourd'hui que nous avons le gouvernement de la volonté nationale, nous devons soutenir ce gouvernement et travailler à le rendre de plus en plus parfait.

Le meilleur moyen d'améliorer notre gouvernement républicain, c'est de nous améliorer nous-mêmes, nous tous qui formons la nation ; c'est la révolution que notre Cercle veut accomplir; c'est la révolution qu'il accomplira.

Pour obtenir cet important résultat, il nous faut la foi, l'union et la persévérance.

La foi, nous l'avons et nous la communiquerons à nos adhérents ; l'union, nous ferons tout pour l'obtenir, et nous l'obtiendrons ; la persévérance deviendra facile, ayant la foi et l'union : c'est donc à former l'union que nous devons travailler.

*
* *

L'union, il ne faut pas se le dissimuler, est une chose difficile à obtenir ; car on a jusqu'à ce jour employé tous les moyens pour nous diviser afin de nous affaiblir.

Dans l'état de désordre et d'anarchie où nous trouvons la nation française, que devons-nous espérer et tenter ? L'union intégrale et immédiate de tous nos concitoyens sans distinction ? C'est bien là notre but final ; mais ce résultat si désirable ne peut être atteint qu'avec le temps.

Ce que nous pouvons, ce que nous devons faire, c'est de former un groupe d'apôtres de la justice démocratique qui, de victoire en victoire, étendra son action de proche en proche sur tous les citoyens de notre pays dans un temps plus ou moins prochain.

Quant au temps présent, occupons-nous de relever et de soutenir ceux qui souffrent. Unissons notre faiblesse, travailleurs des villes et des compagnes, et, au nom du droit et au nom de la justice, réclamons la réforme des abus dont nous souffrons ; demandons les améliorations matérielles et morales que la République peut et doit nous donner sans retard.

*
* *

Venez avec nous pour nous aider, vous tous qui

vivez péniblement d'un travail quotidien et qui, comprenant les sentiments généreux de la solidarité fraternelle, avez le courage nécessaire pour combattre l'injustice et les priviléges.

Soyez aussi des nôtres, vous qui nous approuvez, mais qui, pour un motif quelconque, croyez devoir rester en dehors de notre Cercle ; votre concours peut nous être très-avantageux ; suivez avec intérêt nos travaux ; faites lire nos brochures, faites comprendre autour de vous nos intentions et nos espérances : vous contribuerez pour une grande part à l'union cherchée dans l'intérêt de tous.

Quant à vous, qui n'avez pas l'esprit assez grand, le cœur assez généreux pour nous comprendre, restez dans votre isolement égoïste ; nous travaillerons pour vous, malgré vous, et si un jour vos sentiments deviennent plus humains, nous ne vous garderons pas rancune : nous vous recevrons.

Nous ne sommes pas des intransigeants, nous ne pouvons, nous ne devons pas l'être, puisqu'on ne peut faire la conciliation et l'union que par des transactions ; mais, dans l'intérêt de notre œuvre, nous serons fermes sur les principes et nous ne nous imposerons jamais que des transactions honnêtes et honorables.

*
* *

Nous aurons besoin d'une grande prudence pour servir cette grande cause démocratique pour laquelle nous nous dévouons ; mais en suivant droit notre chemin, en mettant beaucoup d'abnégation au service de l'intérêt général, nous obtiendrons la juste considération à laquelle nous aurons droit.

Nous n'aurons pas à nous préoccuper de certaines

critiques, mais nous devrons prendre en sérieuse considération les avis bienveillants que les amis du peuple voudront bien nous donner, dans l'intérêt de l'Enquête que nous poursuivons, afin de connaître toutes les plaies sociales et les moyens de les guérir.

Cette enquête doit être faite par nous, qui souffrons de l'état actuel des choses ; le concours direct de ceux qui ont une position avantageuse dans la société ne peut nous convenir, parce qu'ils ne nous inspireraient pas une entière confiance en cette circonstance.

N'agissant sous la pression d'aucun intérêt personnel, nous n'admettrons parmi nous aucun homme de coterie ; nous ne défendrons aucuns autres principes que ceux de la pure démocratie.

*
* *

Les monarchies et surtout l'Empire ont employé la corruption du sentiment public comme moyen de gouvernement. Sous les prétextes menteurs de défendre l'ordre, la religion, la famille et la propriété, ils nous ont donné l'anarchie, la corruption et la misère. — On a maintenu le peuple dans l'ignorance, tout en ayant l'air de favoriser son instruction par la création d'écoles ignorantines.

On n'a rien fait pour élever les caractères, mais, au contraire, on a favorisé tout ce qui pouvait pervertir l'esprit et le cœur, et l'on a appelé cela l'*ordre moral*.

On a paru favoriser les travailleurs et leur laisser une certaine liberté d'action, une certaine liberté de parole ; mais des agents provocateurs se sont toujours mêlés aux démonstrations démocratiques pour les empêcher de produire de bons fruits.

La République doit nous permettre de rétablir

entre nous, travailleurs déshérités, cette union démocratique qui sera notre force et en même temps la force et la dignité nationales ; car la liberté et l'union dans le bien nous donneront, avec l'instruction, la moralité et le bien-être. — La famille deviendra une respectable institution, les mœurs seront purifiées, la justice épurée et notre caractère ennobli.

Nous ne devons plus nous mettre au service d'un homme, quel qu'il soit ; nous ne devons accepter les promesses qu'on nous fait que sous bénéfice d'inventaire, nous réservant de juger l'homme par ses actes. L'histoire nous présente tant de renégats, que nous ne devons plus nous laisser tromper par les belles paroles des orateurs populaires.

Cependant, il ne faut pas non plus pousser à l'excès notre méfiance et préjuger le mal lorsque ce mal n'existe pas, lorsque celui qui accepte notre mandat a la réputation d'un honnête homme et d'un bon citoyen ; mais il est extrêmement utile que nous connaissions ceux qui doivent nous représenter dans leur vie publique et dans leur vie privée. — Oui, dans leur vie privée ; l'homme qui n'est pas convenable dans la vie de famille n'est pas digne de diriger nos affaires publiques.

Notre titre d'*Enquête* est donc convenable, car en tout et pour tout nous poursuivrons l'Enquête : — Enquête pour connaître l'étendue du mal social ; Enquête pour connaître nos concitoyens, afin de bien choisir, afin de découvrir, dans les profondeurs de la nation, ceux qui, étant bien pénétrés de nos besoins, peuvent le mieux défendre nos intérêts ; Enquête pour rechercher les meilleurs moyens à employer pour détruire les abus, pour détruire la misère, pour élever la valeur intellectuelle et morale des citoyens.

*
* *

Qu'avons-nous gagné à suivre des chefs de partis ? Ces hommes nous ont abandonnés lorsque leur ambition a été satisfaite, et toujours le pauvre peuple a payé les frais de la lutte, sans aucune compensation.

Nous entrons aujourd'hui dans une nouvelle politique pacifique qui doit améliorer le sort de tous. Nous y prendrons part à titre de citoyens libres et égaux en droit, et nous voulons peser d'un grand poids dans les conseils de la nation.

Il est donc de la plus haute importance de faire l'union entre les travailleurs : — union intelligente, qui sera utilisée au profit de la nation tout entière ; union fraternelle, qui nous donnera pacifiquement les améliorations que nous réclamons, les réformes qui sont devenues indispensables à notre relèvement.

Cette union permettra une entente en vue d'organiser le travail d'une manière équitable ; elle nous donnera les moyens de régulariser tous les rouages sociaux, et notre gouvernement, au lieu de réprimer rigoureusement, devra prévenir le mal et le guérir par de bonnes institutions.

Il s'agit de nos intérêts les plus sérieux : notre initiative est nécessaire. Travaillons donc parfaitement d'accord, afin d'obtenir justice et progrès.

*
* *

Dans toutes les entreprises philantropiques, il faut toujours qu'un groupe d'hommes dévoués prenne la tête du mouvement pour faire réussir un projet important.

Nous avons fait appel aux travailleurs de bonne volonté, et nous avons été entendus. Nous renouvelons notre appel, et nous prions tous les bons citoyens de nous venir en aide directement ou indirectement dans la grande œuvre de réparation que nous poursuivons.

Beaucoup de gens, parmi ceux à qui rien ne manque, trouveront mauvais que nous réclamions des réformes sociales, et, rappelant le passé pour l'opposer au temps présent, diront : « Le peuple était autrefois moins bien nourri, moins bien vêtu, moins libre et moins heureux, que réclame-t-il ? »

Il est vrai que sous plusieurs rapports notre vie s'est améliorée ; la misère est moins générale et la liberté des citoyens mieux garantie qu'avant 89. Mais ce n'est qu'une première satisfaction donnée à la justice ; satisfaction bien insuffisante que les gouvernements qui se sont succédé auraient dû étendre et qu'ils ont, au contraire, restreinte le plus qu'ils ont pu.

Cependant, une foule d'ambitieux de pouvoir et de richesses ont servi le progrès national dans un but d'intérêt personnel ; il y a eu de grandes transformations chez les nations civilisées. Le peuple a puissamment contribué aux grands travaux et aux grandes découvertes ; mais il a toujours travaillé pour ses maîtres et à leur profit.

Le moment est arrivé où tous les travailleurs de notre pays doivent réclamer contre les priviléges et doivent avoir part aux avantages que la civilisation moderne peut donner à chacun et à tous.

Avec la sagesse et la volonté, qui conviennent à un peuple majeur, réclamons opiniâtrement les avantages que la société doit nous donner selon nos œuvres, et, par tous les moyens légaux, réclamons nos droits trop longtemps méconnus.

*
* *

Vous dites qu'il n'y a rien à faire, qu'à mâter le peuple pour l'empêcher de crier, *Messieurs de l'ordre moral.* — Vous vous trompez ; dans votre propre intérêt, il faut l'instruire, le moraliser, (pas à votre manière, bien entendu) ; il faut lui donner sa vraie place au soleil, et ensuite, si vous renoncez à l'opprimer, si vous consentez à vivre avec lui sur le pied de l'égalité, il oubliera ses griefs, et vous admettra dans sa République ; car, remarquez-le bien, la République que nous avons, en s'améliorant, deviendra la République du peuple, la République véritablement démocratique.

Dans la démocratie que nous rêvons, nous, travailleurs, la société n'aura plus de parasites : tous les citoyens seront utiles à la chose publique, par des moyens honnêtes et honorables. Personne ne sera plus en danger de mourir de faim, et nos filles ne seront plus exposées aux insultes aristocratiques des parvenus immoraux.

Nous ne verrons plus, dans nos rues, ces femmes dégradées vivre d'un infâme métier, après avoir été séduites par quelque libertin de bonne maison ; mais la famille sera honorée, et la vie intime, comme la vie publique, offrira partout cette heureuse harmonie qui résultera de la satisfaction complète de tous les besoins intellectuels, moraux et matériels.

Est-il bien difficile d'obtenir les résultats que nous venons d'indiquer ? Non. Il suffit de faire régner l'union entre les travailleurs et de se maintenir dans la légalité, en réclamant sans cesse et sans se lasser les réformes politiques et sociales qui sont de toute justice.

*
* *

On a beaucoup critiqué, avec raison selon nous, la politique de concessions et de compromis, portée jusqu'à la faiblesse, jusqu'à l'oubli des principes démocratiques. Nous croyons, nous aussi, que nos députés devraient suivre une règle plus correcte et mieux déterminée, pour remplir convenablement le mandat qu'ils ont reçu de nous, pour nous représenter et servir nos intérêts.

Quant à nous, citoyens travailleurs, dans nos rapports entre nous, pour bien servir nos intérêts communs, sans jamais faiblir sur les principes, nous devons être extrêmement indulgents et bienveillants pour les personnes ; ce sera le plus sûr moyen d'avoir une grande influence sur les évènements à venir.

En vivant en bonne intelligence entre nous, nous prouverons que nous avons conscience de nos devoirs et de nos droits ; et ceux qui nous gouvernent seront avertis qu'ils doivent nous servir sérieusement, afin de ne pas éprouver les effets de notre mécontentement.

Et la surveillance incessante que nous exercerons convenablement, sans parti pris, sur les hommes et sur les choses de la politique usuelle, donnera des résultats excellents. Nous jugerons tout par nous-mêmes, notre simple bon sens suffira pour nous guider sûrement dans l'appréciation de ce qui est bon et de ce qui est mauvais.

*
* *

Le soin que nous prendrons d'étudier les hommes et les choses nous fera connaître quelles sont, parmi les réformes indispensables à nos besoins, celles qui ont des chances d'aboutir promptement. Ce ne sont plus des paroles qu'il nous faut, ce sont des améliorations sérieuses que nous attendons impatiemment.

Les révolutions politiques, les progrès industriels, les entreprises commerciales ont tout bouleversé dans l'économie privée comme dans l'économie publique, et l'on n'a rien fait pour améliorer les lois qui règlent les rapports des hommes entre eux. Les travailleurs qui vivent du fruit de leur travail, souffrent horriblement de cet état de choses. Le salaire n'est plus en rapport avec les besoins de notre époque ; l'homme craint de s'engager par le mariage dans une misère certaine, et, quand il prend femme, la mère de ses enfants doit négliger sa famille pour produire un supplément de ressources par son travail ; les enfants négligés grandissent presque abandonnés à eux-mêmes. Ce n'est pas ainsi que l'on forme des hommes forts de corps et de caractère, composant une grande nation.

*
* *

Aussi courrions-nous à la décadence, lorsque nos désastres de 1870, conséquence de ce désordre, nous ont montré l'abîme.

Nos malheurs, tout déplorables qu'ils sont, doivent nous donner, si nous sommes sages et prudents, une compensation : c'est qu'après nous avoir débarassés d'un pouvoir indigne, nous trouvions en nous-mêmes avec la République, les moyens de nous régénérer.

Pour cela, plus de luttes fratricides, plus de factions entre nous, plus de pouvoir occulte dans la nation. Réclamons l'égalité des droits, la même loi pour tous, la liberté entière de la conscience humaine ; plus de privilége pour aucune secte, pour aucune aristocratie.

La liberté de réunions et d'associations, la protection des lois : voilà ce que demandent les travailleurs ; avec cela, ils pourront prendre sans trouble leur place naturelle dans la nation.

Si de leur côté nos représentants, comprenant toute l'étendue de leurs devoirs, organisent largement l'éducation nationale et l'instruction publique anti-cléricale, de manière à détruire cet antagonisme savamment organisé contre nous par une théocratie envahissante, nous aurons devant nous un avenir serein qui facilitera l'union fraternelle que nous recherchons et que nous espérons fonder.

*
* *

Notre journal l'*Enquête,* lorsque nous nous serons fortifiés, défendra, avec modération, tous les intérêts du travail et des travailleurs. Il sera d'abord hebdomadaire : ce seront dix centimes par semaine que les travailleurs s'imposeront pour soutenir notre œuvre.

Chacun de nous suivra la politique quotidienne dans le journal de son choix. Nous avons autre chose à traiter que de faire connaître les mutations dans les préfectures ou dans la magistrature. Il y a pour nous quelque chose de plus important que la lutte spirituelle des journalistes.

Dans ces luttes, il y a à prendre et à laisser ; c'est ce que nous ferons. Nous ne disons pas que les journaux politiques sont inutiles, bien au contraire ; mais nous sommes d'avis que les questions d'organisation sociale doivent venir au premier rang dans nos préoccupations, et c'est ce premier de nos besoins que nous voulons satisfaire.

Nous signalerons dans notre journal les votes de nos députés, et nous les avertissons franchement, que nous saurons apprécier convenablement les services qu'ils nous rendront, et aussi les fautes qu'ils pourront commettre.

Nous chercherons à réagir contre l'engouement que les français ont trop facilement pour certains hommes et pour certaines idées ; nous leur rappellerons de nombreux exemples pour leur prouver qu'ils doivent être à ce sujet extrêmement prudents.

Nous ne marchanderons pas nos éloges aux belles actions ; nous louerons sans réserve les vertus civiques et démocratiques des véritables amis du peuple, et nous les défendrons contre l'injustice et l'ingratitude.

Nous mettrons un soin particulier à faire connaître les hommes de valeur perdus dans la foule, et nous rechercherons à utiliser leur modeste talent, leurs vertus au profit de tous, en les recommandant aux suffrages de nos amis, lorsque ces citoyens seront dignes et capables de nous représenter, soit au conseil municipal, soit au corps législatif.

Nous aurons, dans ces assemblées, toujours assez d'avocats éloquents ; mais nous n'aurons jamais trop d'hommes dévoués à la chose publique, d'un jugement sûr et d'une équité à toute épreuve.

Nous aurons donc mille fois raison de rechercher des hommes d'élite parmi les travailleurs, de les compléter et d'en former pour l'avenir. C'est là le but principal du Cercle et du Journal des travailleurs.

*
* *

Aucun des membres de notre cercle ne devra postuler pour obtenir une candidature ; celui qui acceptera une candidature sera considéré comme démissionnaire, car nous ne voulons pas patronner l'un des nôtres.

Le sociétaire sorti de notre Cercle pour soutenir sa candidature dans une élection sera traité par nous comme tous les autres candidats, sans aucune préférence : notre concours sera toujours acquis au plus digne.

Pour avoir l'importance bienfaisante que notre Cercle veut obtenir et mériter, il faut que notre enquête soit tout à fait impartiale et que nos renseignements sur les candidats en présence soient d'une exactitude irréprochable ; nous ne servirons aucun intérêt personsonnel, aucune ambition égoïste.

Notre opiniâtreté patiente, mise au service de la justice et du droit, nous donnera une force sérieuse. Nous nous servirons de cette force pour obtenir des réformes profitables aux intérêts populaires.

Nous réclamerons avec persistance ce fameux minimum de réformes promises qui resteront longtemps lettres mortes sur le papier, si les électeurs ne réclament sans cesse jusqu'à ce qu'ils aient reçu satisfaction.

*
* *

Les servitudes qui oppriment encore beaucoup de travailleurs sont le principal obstacle au progrès. L'union se fera plus difficilement par cette raison. Ayons donc, nous qui voulons cette union indispensable, un grand fond de bienveillance pour les ignorants, pour les faibles. Instruisons-les par tous les moyens en notre pouvoir et ne désespérons jamais ; nous aurons des résultats lents, mais sûrs : l'union s'étendra avec la lumière.

Nous aurons des adversaires plus redoutables : ce sont ceux qui n'ont pas besoin de réformes et qui ne sont pas généreux. Contre ces gens-là, nous emploierons nos armes ordinaires : la raison et la volonté.

L'action pacifique, régulière, nous donnera le succès. Nous vaincrons par la sagesse de notre conduite, par l'activité de notre intervention. Mettons nous en rapport avec nos concitoyens des campagnes qui comprennent le progrès et qui peuvent le faire comprendre autour d'eux, afin d'augmenter l'importance de notre œuvre.

Les mille de Garibaldi ont fait des prodiges en Italie parce qu'ils avaient la foi et le courage. Réunissons dans une même pensée mille apôtres de l'humanité, et nous ferons plus pour la France que ces patriotes n'ont fait pour l'Italie !

*
* *

Lorsque notre République aura produit tous ses fruits ; lorsque l'esprit du bien aura rapproché les hommes et réduit le mal à l'impuissance ; lorsque nous serons plus instruits et que nous saurons pratiquer régulièrement les droits et les devoirs civiques, alors nous n'aurons rien à craindre pour l'avenir de nos institutions démocratiques, l'union sera faite et l'égalité civile et politique sera une vérité.

Mais, d'ici là, nous aurons beaucoup à faire pour maintenir nos droits et notre liberté ; il est donc très-important que les travailleurs marchent d'accord pour obtenir légalement la justice qui leur est dûe.

Redoutons la guerre étrangère comme nous redoutons la guerre civile : la guerre est favorable aux despotes et funeste aux nations. La paisible et ferme conduite des travailleurs réclamant avec ensemble de justes réformes ne peut manquer d'aboutir à un résultat heureux.

Que pourrait-on opposer à nos réclamations unanimes, à la voix du peuple fort et patient, attendant avec dignité et avec confiance la justice et la paix sociale qu'il veut défendre?

Non, citoyens, rien ne peut résister à cette grande voix de la misère demandant en termes convenables, aux députés que le peuple a nommés, les améliorations sociales qui lui permettront de travailler paisiblement au bonheur commun, à la prospérité et à la gloire de la France!

Aidez-nous donc, travailleurs des villes et des campagnes, et l'union, qui fait la force, nous donnera les avantages que nous réclamons tous.

Paris, le 1er juin 1876.

Les membres de la Commission d'initiative du Cercle des Travailleurs,

LAVOISEY, 9, rue du Jour, 1er arrond.
J. COLLAS, 42, rue aux Ours, 2e arrond.
BÉGUET, 30, rue Feydeau, 2e arrond.
E. RATTIER, 62, rue de Gravilliers, 3e arr.

A. Grand, 14, rue Beethoven, 16e arr.
Ferdinand Vincent, 58, rue Blomet, 15e ar.
Genty, 113, rue du Mont-Cenis, 18e arr.
Eugène Chevallier, 11, rue Gabrielle, à Montmartre.
Bessières, 3, rue Vilin, 20e arrond.

La troisième brochure aura pour titre :

Le MAL. — Le REMÈDE.

Adresser les renseignements à M. Eugène Chevallier, 11, rue Gabrielle, à Montmartre.

Sancerre. — Imprimerie de A. Aupetit.

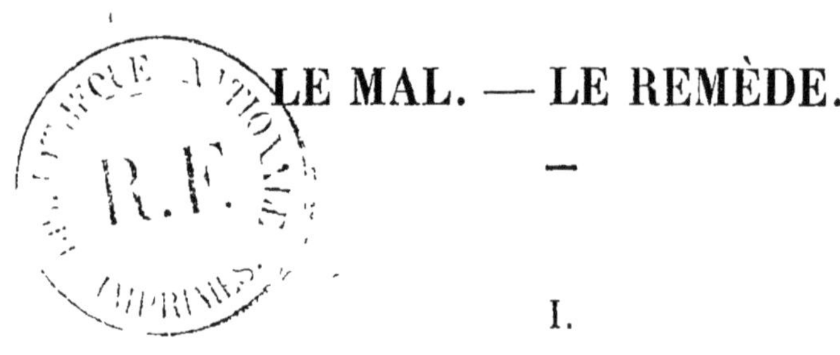

LE MAL. — LE REMÈDE.

—

I.

Chers concitoyens, nous sommes trop raisonnables en général, en France, pour faire supporter aux enfants les fautes de leurs pères; aussi, la doctrine du péché originel est bien ébranlée dans notre pays. La justice et la vérité sont trop contraires à ce système d'expliquer le mal, pour qu'il ait des adeptes parmi ceux qui veulent sincèrement l'amélioration de l'humanité.

C'est bien assez de faire porter à chacun ses propres fautes. C'est ordinairement trop; car il y a des circonstances très-atténuantes qui, sans justifier les vices et les crimes, prouvent que le mal vient souvent de la société, que nous voulons réformer, autant que des coupables. Cette société ne fait rien ou presque rien pour satisfaire les besoins légitimes de ses membres; rien pour encourager au bien, rien pour prévenir le mal; elle ne sait que punir.

*
* *

Avez-vous étudié avec sollicitude, chers lecteurs, en vous plaçant dans un milieu équitable, les causes et les effets du mal? Avez-vous pris l'homme à sa naissance, l'avez-vous vu grandir, l'avez-vous suivi jusqu'à

ce qu'il ait atteint l'âge d'homme? En ce cas, si vous avez l'esprit juste et le cœur droit, vous pouvez juger sainement le mal.

Vous avez observé que les uns ont eu dès leur naissance des soins assidus; dès qu'ils ont pu demander, ils ont été immédiatement obéis : ils ont de bonne heure pris l'habitude du commandement; ils ont trouvé autour d'eux des personnes se soumettant sans réplique aux ordres justes ou injustes qu'ils ont donnés.

Ceux-ci ont dû nécessairement se croire faits pour le commandement; ils forment parmi nous une classe d'hommes à part : *La classe dirigeante.*

Mais, vous avez vu grandir d'autres enfants qui ont manqué, dès les premières heures de leur existence, des choses les plus nécessaires à la vie, toujours en danger de mourir de misère : il en a survécu quelques-uns sur cent.

Ces enfants de la misère ont grandi au milieu du vice, qu'ils continuent trop souvent. Vous leur jetez la pierre, vous qui n'avez pas souffert, vous qui n'avez jamais su ce que c'est que la faim !...

Et quelques-uns des plus orgueilleux, parmi ces aristocrates de naissance ou de position, disent dans leur âme : « Je suis d'une nature supérieure, et ces misérables sont d'une race maudite; j'aurai des soins pour mon cheval et pour mon chien, mais pour ces animaux à face humaine, je n'aurai que du mépris. »

De son côté, l'homme de la misère pense ainsi intérieurement : « Ces hommes me méprisent, il ont trop, je n'ai rien; ils ont pris ma portion de bien-être, je les déteste et je me vengerai. »

Ces sentiments contraires qui se rencontrent trop

souvent dans notre société imparfaite doivent être combattus, diminués, détruits s'il est possible.

*
* *

Il y a entre les points extrêmes que nous avons indiqués, une foule de positions sociales intermédiaires, où le mal et la division existent encore, mais à un moindre degré. C'est là que se trouvent les forces vives de la nation. C'est là que se trouvent les citoyens de cœur qui se mettront à la tête du mouvement réformiste; là, sont les hommes généreux, bien pénétrés des principes de la solidarité humaine qui formeront la ligue du bien public, pour faire disparaître les haines sociales dans notre nation.

Notre ligue, par son esprit pacifique, par ses sentiments de pure philanthropie, par ses généreux mouvements démocratiques en faveur des plus faibles, obtiendra : l'éducation civique, l'instruction nationale obligatoire et gratuite, le droit de réunion et de discussion, afin de pouvoir librement discuter toutes les questions qui intéressent notre présent et notre avenir ; afin de nous concerter pour améliorer le sort de tous, par une meilleure organisation du travail ; afin de nous entendre avec notre gouvernement républicain pour réformer l'administration de la justice, les établissements de bienfaisance et de prévoyance publique.

*
* *

On nous dit ennemis de *l'Ordre*, de la *Famille*, de la *Religion* et de la *Propriété*, parce que nous réclamons pour tous la libre manifestation de la conscience.

Examinons :

L'*Ordre* est pour nous absolument nécessaire ; c'est par l'ordre que nous nous fortifions ; c'est par l'ordre que nous obtiendrons les justes réformes que nous réclamons et que l'on devra nous accorder, parce que notre droit est incontestable.

Les ennemis de l'ordre sont ceux qui provoquent des guerres extérieures ou des luttes intérieures, pour jeter la division entre les citoyens. — Nous, nous voulons la Paix et l'Union.

La *Famille,* la vie intime, le bonheur domestique : c'est ce que nous réclamons avec le plus d'instance. Ce ne sont pas les hommes du peuple qui font du mariage une affaire mercantile, où le sentiment est absent. Lorsque notre position matérielle sera améliorée par les perfectionnements que nous voulons introduire dans notre état social, vous verrez que nos idées sur la famille sont bien plus pures que les vôtres, aristocrates qui nous calomniez.

La *Religion ;* qu'entendez-vous par ce mot? Le droit de nous opprimer moralement et physiquement? Expliquée dans ce sens, oui, nous sommes des ennemis de votre religion. Autrement, comme nous voulons pour tous la libre manifestation des opinions intimes de la conscience, vous mentez en nous désignant comme ennemis de la Religion.

Sommes-nous ennemis de la *Propriété?* Nous qui voulons, au contraire, augmenter le plus possible le nombre des propriétaires.

Nous voulons organiser le travail de manière à assurer régulièrement à chaque citoyen des ressources quotidiennes pour les besoins de sa famille, des ressources de prévoyance pour soulager et soigner les travailleurs malades, et pour leur assurer quelques années de repos dans la vieillesse.

Nous sommes donc les vrais hommes d'ordre, les vrais conservateurs, amis de la famille et de la propriété, nous qui voulons ces biens pour tous et non pour quelques uns.

*
* *

Les hommes qui nous attaquent par la calomnie, parce qu'ils redoutent la vérité et la justice que nous avons pour nous. Que sont-ils? D'où viennent-ils? Que veulent-ils? — Nous allons tâcher de vous les faire connaître en peu de mots, chers lecteurs.

Ces hommes n'ont pas une origine commune; ils n'ont pas les mêmes idées ni le même but; mais ils détestent également la République : c'est le lien qui les unit.

Les uns regrettent l'ancien régime et désirent le voir revenir; d'autres doivent tout ce qu'ils ont, tout ce qu'ils sont à la Révolution : ils n'ont plus rien à gagner, c'est pourquoi ils sont conservateurs rétrogrades.

Le progrès continu ne peut convenir aux égoïstes repus; ils ont la fortune; ils ont les places et les honneurs : nous comprenons leur haine contre la République, qui doit, dans un temps prochain, donner à tous une égale protection.

La République démocratique, le suffrage universel

éclairé, c'est le progrès régulier, c'est la justice en action, c'est l'amélioration et la satisfaction de tous les intérêts légitimes. — La République et le suffrage universel doivent donc être soutenus, avec autant de constance et de résolution par les travailleurs, que les aristocraties politiques et religieuses en mettront à les attaquer.

II.

Nos intérêts politiques, travailleurs des villes et des campagnes, seront défendus à l'assemblée législative par nos députés; nous les avons honorés de notre confiance; ils ont pris l'engagement de nous représenter convenablemet, espérons qu'ils nous tiendront parole.

Cependant, nous ne devons pas nous endormir, et si nous voulons que nos affaires soient bien faites, il faut nous en occuper beaucoup nous-mêmes. Quel que soit le dévouement de nos représentants, ils ont besoin de notre concours; et nous devrons réclamer, si la route qu'ils suivront ne nous convient pas.

Déjà nous avons à leur adresser quelques plaintes sur la lenteur de leur marche et sur l'indécision de leur politique. Nous ne sommes pas très-exigeants; nous savons qu'il faut agir avec prudence, avec mesure; mais nous sommes d'avis qu'il faut agir avec une prudence ferme et bien déterminée : leur conduite hésitante n'est avantageuse que pour nos ennemis.

Cette manière de tout remettre à plus tard, sous prétexte que les circonstances ne sont pas opportunes, nous semble très-inopportune à nous, qui voudrions avoir déjà obtenu quelques satisfactions.

Nous avons vu, durant cinq longues années, tant de disputes de mots dans le Parlement; nous avons assisté à tant de luttes stériles, que nous sommes attristés, effrayés de voir encore remettre à demain les affaires sérieuses : le mal est encore là.

*
* *

Le remède à ce mal parlementaire, le remède à tous nos maux sociaux est en nous-mêmes, citoyens, si la volonté nationale est méconnue; il faut que cette volonté emploie tous les moyens légaux pour se manifester.

Il faut que le peuple, que les travailleurs prennent l'initiative des réformes à obtenir; il faut qu'ils fassent connaître leurs desseins et leurs besoins à leurs représentants et qu'ils reviennent souvent à la charge.

Cette revendication ne sera pas un acte d'hostilité : ce sera l'exercice d'un droit, d'un devoir civique. Ce ne sont pas nos ennemis, les bonapartistes, que nous suivrons dans leurs attaques hypocrites et factieuses contre la République ; nous nous adresserons à nos amis, les députés républicains, et nous les inviterons, d'une manière convenable et bienveillante, à servir le pays activement ; nous les prierons d'aborder résolûment ces grands problèmes de réformes sociales qui semblent les effrayer.

*
* *

Mais nous ne nous faisons pas d'illusion sur l'étendue et la valeur des réformes que nous pourrons obtenir de nos représentants actuels ; nous savons qu'en général ils représentent la République bourgeoise plus que la République démocratique : nous saurons donc attendre 1880.

Et cependant, nous ne faisons pas, nous ne pouvons pas faire un reproche amer à la majorité de nos députés d'avoir des sentiments bourgeois ; c'est tout naturel, comme à nous, travailleurs, d'avoir des sentiments démocratiques plus accentués.

L'intérêt bourgeois et l'intérêt populaire sont deux intérêts distincts. Les travailleurs défendraient mal l'intérêt bourgeois, de même que l'intérêt purement populaire est mal défendu par la bourgeoisie : c'est un axiôme d'une vérité évidente.

Les travailleurs, qui comprennent bien l'importance d'une représentation directe, devront préparer, dans cet esprit l'élection de 1880 ; car, seulement alors, nous pourrons faire comprendre nos besoins et obtenir les réformes qui sont devenues urgentes.

Cette révolution pacifique se fera d'accord avec la bourgeoisie, nous l'espérons du moins ; elle voudra avoir aussi sa nuit du 4 août et ne pas faire moins que la noblesse et le clergé en 1790; elle devra même, si elle est généreuse, faire le sacrifice plus entier et ne pas réclamer le lendemain ce qu'elle aura abandonné la veille.

Cet accord de la bourgeoise et des travailleurs pour choisir des députés dans les deux camps, fera disparaître peu à peu cette distinction de bourgeois, et bientôt il n'y aura plus que des citoyens français sans aucune distinction.

*
* *

On nous objectera que les travailleurs des villes ou des campagnes sont peu préparés à la vie politique; qu'ils manquent des connaissances nécessaires, etc. Ces objections ont un certain fond de vérité qui pourrait ébranler des hommes moins convaincus que nous le sommes de la nécessité de la représentation directe de tous les intérêts.

Si l'instruction fait défaut chez les honnêtes citoyens que nous pourrions choisir en toute confiance parmi nous, il en est beaucoup qui ont un bon sens remarquable et qui comprendront très-bien comment ils devront voter pour nous servir convenablement. Ils feront ce que fait aujourd'hui la majorité des députés; ils voteront sans faire de discours; mais il y aura cette différence, qu'ils représenteront mieux nos intérêts et que leur vote sera plus avantageux que le vote des députés qui font partie d'une aristocratie quelconque.

Ce sera une transaction pour arriver plus vite et d'une manière plus prompte à l'avenir que nous préparons, et qui sera le règne de l'égalité dans la justice ; alors, l'instruction ne fera nulle part défaut, car la démocratie, en se fortifiant, devra la répandre partout à pleines mains.

*
* *

Nous devons, dès maintenant, préparer l'élection de 1880 ; nous n'avons pas plus de temps qu'il nous en faut pour faire ce que nous nous proposons : des élections véritablement démocratiques.

Pour rechercher des citoyens bien dignes ; pour les étudier et pour les faire connaître à tous les électeurs, nous n'avons pas trop de quatre années.

Les députés actuels qui ont véritablement le sentiment de la fraternité démocratique doivent approuver les préoccupations des travailleurs et leur désir d'avoir parmi leurs représentants des hommes bien pénétrés de leurs besoins et de leurs idées, pour avoir vécu de leur vie et partagé leurs souffrances.

*
* *

Ce besoin de l'initiative exclusivement ouvrière, pour étudier par une enquête la position exacte de tous les travailleurs des villes et des campagnes est généralement compris par ceux qui souffrent.

Mais une approbation platonique n'est pas suffisante ; il s'agit d'un intérêt majeur : il faut l'appuyer efficacement. Plusieurs groupes se sont formés, plusieurs journaux doivent paraître pour appuyer le mouvement réformiste : entre autres le *Journal des Travailleurs*, l'*ENQUÊTE* ; il serait donc sage de créer des ressources par une contribution volontaire pour payer le cautionnement.

Et à ce propos, nous nous permettrons une bienveillante remarque que nos députés parisiens seront très-certainement disposés à faire valoir si l'occasion se présentait de nouveau :

Nous voulons parler des banquets qui ont été offerts à d'honorables citoyens par leurs électeurs. Nous comprenons les sentiments qui font agir ceux qui offrent et ceux qui acceptent.

Il est agréable et moralement avantageux de s'entretenir avec ceux qu'on a choisi pour représentants ; mais la dépense est lourde pour beaucoup d'ouvriers (5 à 10 francs pour chacun) ; on se trouve quelques centaines, c'est quelques milliers de francs dépensés à chaque banquet ; on pourrait s'entretenir à moins.

Ces sommes dépensées pour créer une force démocratique auraient sur l'avenir une bien plus grande importance.

Nous vous soumettons ces réflexions, chers lecteurs, avec l'intention simple et pure qui nous guide dans tout ce que nous pouvons faire pour la cause démocratique, et nous souhaitons que notre bon conseil soit bien compris et produise quelques bons fruits

III.

Nous nous adressons à tous, et nous sommes bien certain que tous les bons citoyens qui nous lisent sont de notre avis ou à peu près ; cependant nous avons besoin d'une forte volonté pour poursuivre notre entreprise.

Ceux qui jugent superficiellement croient qu'une idée simple, bonne et utile est facilement mise en pratique; ils se trompent. Une vérité simple finit par triompher; mais il faut surmonter bien des obstacles, combattre l'inertie du plus grand nombre, les préjugés ou la mauvaise volonté des autres. L'homme qui poursuit le succès d'une idée généreuse doit, pour la faire réussir, marcher d'abord avec une petite troupe d'élite, qui devient plus tard une légion; c'est ainsi que notre idée grandira.

*
* *

Nous saisissons l'occasion qui se présente, chers lecteurs, pour vous démontrer, par un exemple, combien il est difficile d'améliorer une institution pour la rendre plus avantageuse.

Il y a dans le département de la Seine une vingtaine de sociétés coopératives de consommation (il devrait y en avoir quelques centaines). Ces vingt sociétés pourraient d'accord former une commission, pour acheter en gros d'excellentes marchandises de première main à de bonnes conditions; les associés profiteraient ainsi des avantages de l'association. Cette amélioration a été indiquée par plusieurs, et ne paraît pas, cependant, avoir été prise en sérieuse considération par les administrateurs de ces sociétés.

Là, comme en toutes choses, nous nous en rapportons trop à ceux qui nous dirigent. Il ne faut pas être systématiquement opposé aux idées ou aux personnes : c'est un travers qu'il faut éviter; mais il est très-avantageux pour nous de nous occuper tous sérieusement et directement de nos affaires, de nos intérêts ; d'indiquer les améliorations que nous croyons bonnes et qu'on finira par adopter si elles sont avantageuses et pratiques.

*
* *

Nous avons, nous Français, sans nous en douter, une foule de défauts qui nous viennent de l'Empire. Cet infernal système nous a accoutumés à nous contenter des apparences : apparence de liberté, apparence de dignité, apparence d'instruction.

Nous nous prenons au sérieux, et nous ne sommes pas sérieux ; les jeunes surtout n'ont en général aucun goût des affaires publiques. Les droits et les devoirs civiques sont des mots qu'ils ne comprennent pas.

*
* *

La religion a été un instrument de parti. On ne croit plus à rien en France ; mais le parti clérical n'a pas moins sur nos affaires privées comme sur nos affaires publiques, une influence occulte très-dangereuse. Les cléricaux se sont emparés de l'instruction du peuple ; c'est le plus grand des malheurs qui pût nous arriver. Il nous faudra de grands efforts et beaucoup de temps pour guérir les maux qu'ils ont fait à notre à pays, en pervertissant l'esprit public par leur enseignement.

Nous rions de leurs pèlerinages et de leurs miracles ; nous avons peut-être tort : ces mômeries sont plus dangereuses qu'elles ne le paraissent.

Ce n'est plus l'exercice d'un droit respectable ; c'est un défi jeté à la conscience humaine, à la liberté d'autrui ; c'est une révolte contre les lois et les aspirations de notre pays.

Le plus grand ennemi de notre avenir démocratique, c'est le parti clérical uni à tous ceux dont les intérêts égoïstes sont menacés.

Ces gens-là font abstraction de la masse populaire ; la nation, pour eux, se compose d'une coalition aristocratique et théocratique : les intérêts de la conjuration cléricale, c'est tout.

Heureusement que l'opinion publique s'est réveillée ; elle a déjà dit à ces hommes qu'elle en avait assez de leurs intrigues. D'ici à quelques années, elle saura, en grandissant, au nom du droit et de la raison, renfermer chaque secte dans son église.

*
* *

Le remède le plus puissant pour guérir tous nos maux, pour faire disparaître toutes les causes de désordre et de division entre nous, citoyens français, ce remède sera une éducation nationale forte et libre qui se proposera de faire de nous tous des hommes complets, incapables de transiger avec notre conscience.

Cette éducation nous dégagera de nos infirmités sociales, produites par les systèmes monarchiques qui se sont succédé ; cette éducation développera en nous les sentiments généreux de la solidarité fraternelle et nous portera à compatir aux maux de nos semblables, pour les diminuer autant qu'il est en nous.

L'instruction, qui en résultera, fera que chacun de nous, dans sa position, pourra être utile à la communauté et nous aurons tous, les uns pour les autres, cette estime réciproque qui doit être la conséquence des vertus civiques pratiquées par nous tous.

Dans cette société de nos rêves, dans cette république modèle, il n'y aura plus d'avantages quelconques à être vicieux ; il n'y aura donc plus de vices. Les ambitieux seraient trop vite connus ; il n'y aura donc plus d'ambition.

La liberté et la raison seront au service de tous ; il n'y aura donc plus de factions ; la justice et la vérité dirigeront toutes nos affaires.

Heureux temps ! Plus de guerres, plus de luttes ! Plus de procès, plus de disputes ! Tout sera réglé à l'amiable, l'âge d'or renaîtra !...

On sera satisfait au travail, satisfait au milieu de sa famille où l'abondance régnera ; nos délassements, nos jeux seront purs et nos maux seront adoucis : Quel beau rêve !...

*
* *

Malheureusement, c'est un rêve.

Les utopistes, ces hommes si purs et si généreux qui, en 1848, nous ont bercés de ces enchantements, n'existent plus ; nous sommes plus pratiques aujourd'hui et nous ne demandons pas un bonheur impossible.

Pourtant, sans être trop exigeants, nous pouvons prétendre à une meilleure organisation que celle que nous avons ; nous pouvons espérer une amélioration considérable de notre être et une moins imparfaite organisation du travail.

Nous pouvons rechercher des moyens efficaces pour diminuer nos maux et pour nous fortifier ; il doit nous être permis de faire des efforts de vertus pour augmenter notre importance morale et diminuer par conséquent les inégalités dont on abuse contre nous ; nous pouvons aussi rechercher, par des voies honorables, des avantages matériels pour rendre notre existence moins pénible.

*
* *

Non, ce n'est pas dans quelques jours que nous obtiendrons toutes les réformes qui sont nécessaires autant que justes ; non, nous n'aurons pas facilement les satisfactions que nous réclamons. Nous combattrons beaucoup et longuement et nous n'obtiendrons qu'avec peine quelques légers succès ; mais nos victoires n'en n'auront pas moins une très-grande importance ; car, une fois engagés dans la voie des réformes, lorsque nous serons compris et suivis, on s'habituera à prendre au sérieux le peuple souverain.

On saura que le temps est passé où l'on pouvait s'en débarasser par des paroles ou par des émeutes. Aujourd'hui, le peuple veut rester dans la légalité ; il veut loyalement sa part, rien que sa part de bien-être, mais il la veut ; il veut aussi sa part d'importance politique.

Que le peuple continue à vouloir ainsi ; il nous fortifiera et donnera à la France plus d'éclat et de force qu'elle n'en a jamais eus.

Paris, le 15 Juillet 1876.

EUGÈNE CHEVALLIER.

Le 4me Cahier aura pour titre : LE PASSÉ, LE PRÉSENT, L'AVENIR.

Adresser les renseignements à M. Eugène CHEVALLIER, 11, rue Gabrielle, à Montmartre.

Sancerre. — Imprimerie de A. AUBERTIT.

LE PASSÉ, LE PRÉSENT, L'AVENIR

LE PASSÉ

I.

Nous devons rechercher des enseignements dans l'histoire, citoyens travailleurs, mais ce n'est pas dans l'antiquité que nous trouverons la constitution sociale qui doit nous rendre plus dignes et plus heureux. Cette constitution, pour être parfaite, devra être inspirée par l'esprit nouveau.

L'esclavage était une institution généralement admise chez les anciens, même dans les états les plus civilisés; exemple : la République Athénienne, où la majorité de la population était la propriété de la minorité.

Le droit de la force brutale était aussi une loi pratiquée dans les premiers âges, et cette loi malheureusement est encore beaucoup trop en usage à notre époque : « La force prime la justice » est la maxime de Bismarck et de bien d'autres.

Chez les Egyptiens, chez les Indiens, chez tous les peuples, l'histoire nous présente le prêtre et le guerrier opprimant la masse populaire par la puissance tyrannique et par la superstition.

Il y a deux mille ans, nos ancêtres, les Gaulois, obéissaient à un usage religieux qui voulait qu'un grand

nombre de personnes pleines de vie, accompagnassent un grand chef dans l'autre monde. A sa mort, les malheureux qui devaient le suivre étaient renfermés dans un colosse d'osier auquel on mettait le feu.

Lorsque la Gaule devint romaine, les empereurs et leurs soldats usèrent et abusèrent du droit de conquête contre les vaincus, et la nation Gauloise subit une cruelle oppression. Les vainqueurs du monde n'avaient plus de vertus ; mais ils avaient tous les vices ; nos ancêtres, esclaves de ces hommes corrompus, furent traités par eux comme des bêtes fauves.

*
* *

Cyrus, Alexandre, César, Constantin, Clovis, Charlemagne, Louis XIV, Napoléon, etc., etc., sont célébrés par la plupart des historiens, surtout parcequ'ils ont eu des succcès ; parcequ'en faisant tuer beaucoup d'hommes ils ont étendu leur pouvoir sur un grand nombre de malheureuses victimes de leur ambition.

Peu d'historiens s'occupent des intérêts populaires ; il leur faut des actions d'éclat, ou de grands crimes pour faire valoir leurs œuvres.

Et cependant, les hommes de pensée devraient mettre tout leur talent, toute leur énergie au service de l'humanité, afin d'obtenir la perfection vers laquelle tous les efforts doivent tendre.

Les Néron, les Caligula, les Messaline sont célèbres dans l'histoire ; les bienfaiteurs de l'humanité sont restés inconnus.

*
* *

Quelquefois l'histoire flétrit les grands criminels et les actions indignes; souvent aussi, elle veut tout pardonner aux grands coupables; elle en fait même des saints.

Constantin, Clovis, Charlemagne sont des rois très-chrétiens, disent les historiens de l'église; mais pour être exacts, ils devraient ajouter, et de très-célèbres assassins.

Systématiquement, on a toujours porté les peuples à la glorification des puissants, même les plus indignes; autrefois comme aujourd'hui, et dans toutes les religions, les rois et les prêtres sont les représentants directs des dieux.

Heureusement qu'on ne croit plus beaucoup à ces mensonges intéressés.— Citoyens, débarrassons-nous de plus en plus de cette oppression morale; croyons au bien, pratiquons les œuvres d'humanité fraternelle pour notre propre satisfaction et pour le bien de tous, et moquons-nous des charlatans qui débitent l'eau de Lourdes et autres lieux.

II.

L'anarchie impériale du bas empire romain a été balayée par les barbares venus d'Asie en Europe. Les Vandales, les Hérules, les Huns, les Visigoths, les Bourguignons, les Francs, etc. ont envahi la Gaule, et, durant plusieurs centaines d'années, les Gaulois ont été les victimes de leurs dévastations presque continuelles.

Lorsque les Francs ont pu s'établir seuls maîtres de nos malheureux aïeux, ceux-ci ont ils eu enfin quelque repos? Non. Les héritiers de Clovis, les Mérovingiens, ont été presque continuellement en guerre entre eux, et, lorsque les maîtres se font la guerre, les esclaves en subissent les conséquences.

Sous les successeurs de Charlemagne, nos villes et nos campagnes ont continué à être saccagées par les guerres intestines des seigneurs et par les Normands qui, profitant de l'anarchie féodale, venaient tous les ans piller la France.

Ces désordres régnaient encore, lorsque la ruse des uns, l'ignorance et la superstition des autres fit courir en Palestine une foule fanatique qui croyait obéir à un ordre divin. Les croisades dévorèrent quelques millions de ces malheureux.

*
* *

La royauté capétienne profita des désastres que ces expéditions occasionnèrent pour se fortifier. — Dans les villes, une partie du peuple acquit alors quelques droits : ce fut le commencement de la bourgeoisie. Cette bourgeoisie fit preuve de virilité aux XIIIe et XIVes iècle.

Mais les circonstances et les événements continuèrent presque sans interruption à être défavorables aux populations des campagnes surtout. Les guerres de la France et de l'Angleterre succédèrent aux croisades. La France en fut le théâtre.

Les seigneurs français, aussi inintelligents qu'ils étaient braves, étaient presque toujours battus. Français et Anglais pillaient tour à tour les campagnes, et les malheureux habitants, dépouillés et réduits au désespoir, ne cultivaient plus les terres ; ils brûlaient les châteaux : c'est ce qu'on appelle la *Jacquerie.*

La France était si bien administrée alors, qu'on ne savait plus à qui obéir ; pendant quinze ans, le roi d'Angleterre, reconnu roi de France, régna à Paris.

Jeanne d'Arc, qui aida puissamment à faire cesser cette anarchie, fut jugée à Rouen par un tribunal présidé par l'évêque Pierre Cauchon, et brûlée comme sorcière.

*
* *

Les Anglais furent chassés de France, mais bientôt nos rois entreprirent les fatales guerres d'Italie pendant que la réforme religieuse occasionnait à l'intérieur la guerre civile.

Nous n'avons pas besoin de vous dire si ces temps furent désastreux ; nous n'insisterons pas non plus sur l'accroissement de l'autorité royale sous Henri IV et sous Louis XIII.

Nous ne vous parlerons pas du despote Louis XIV, et de toutes les misères qu'il a fait souffrir au peuple.

Nous ne vous dirons rien de l'indigne Louis XV et de son infâme entourage. La coupe était pleine, elle déborda ; la Révolution renversa la royauté française.

*
* *

Dans ce rapide résumé, vous avez vu que le peuple français n'a pas à regretter l'ancien régime : ils sont fous, ceux qui espèrent le voir revenir.

Qnant à nous, citoyens travailleurs, sachons profiter de notre force pour améliorer le présent et pour préparer l'avenir de nos enfants.

Nous avons des droits précieux ; il dépend de nous de nous en servir pour le bonheur commun et pour la grandeur de la France.

Le temps des luttes sanglantes est passé, aujourd'hui doit commencer la période d'éducation civique du peuple, qui lui donnera la sagesse et le bien-être.

Examinons donc ensemble, chers lecteurs, ce que le peuple doit être au temps présent.

LE PRÉSENT.

I.

Les temps nouveaux ont commencé à la Révolution de 1789. Avant cette date, le peuple n'avait aucuns droits politiques ; la grande Révolution lui en a donné, et dès lors la lutte s'est engagée entre les intérêts populaires et les intérêts aristocratiques : cette lutte dure encore.

Depuis quatre-vingt-dix ans, plusieurs autres révolutions ont été faites au nom de l'idée démocratique, et beaucoup d'insurrections ont eu le même but. Ces guerres civiles ont été ordinairement provoquées par des mesures inintelligentes ou coupables des gouvernements existants. Travaillons, citoyens, à rendre impossible le retour de ces batailles fratricides.

Nous avons la République qui est un gouvernement perfectible ; nous avons le suffrage universel qui est un levier puissant, si le peuple sait s'en servir ; mettons donc tous nos soins à faire pacifiquement, régulièrement un bon gouvernement démocratique et organisons la justice pour tous.

*
* *

Les dix années qui ont suivi la grande Révolution ont été un combat entre les hommes des vieux principes et les partisans des idées démocratiques ; et aussi malheureusement, il faut bien le dire, entre les hommes à système qui ont voulu gouverner la République.

Au commencement du XIXe siècle, on pouvait faire ce que nous voulons aujourd'hui, une République favorable à tous les français, dans laquelle régnera la paix sociale, l'union des esprits, en donnant satisfaction à tous les intérêts respectables.

Le crime du 18 brumaire nous a fait reculer d'un siècle....

En 1848, nous étions dans de bonnes dispositions pour fonder ce gouvernement qui doit tout pacifier en réformant les abus, en grandissant l'homme moral par une éducation civique, par une instruction nationale.

Le crime du 2 décembre nous a fait reculer de 50 ans.

*
* *

Le dernier des Bonapartes, en compensation des désordres moraux et matériels que son règne a produits en France; en compensation des désastres qu'il nous a valus, des sacrifices que nous avons supportés, par suite de l'incurie et autres vices de cet empereur et de ses courtisans; Napoléon III en tombant dans la boue sanglante de Sedan, a donné une vie nouvelle à cette République démocratique qu'il avait assassinée et qu'il avait cru morte à tout jamais.

Nous avons chèrement payé le retour de cette République, car c'était du sang français, du sang de nos frères lâchement trahis, qui détrempait la boue de Sedan; mais si nous savons la faire nôtre, si nous savons, sous son égide, refaire nos mœurs et notre constitution sociale, c'est nous, travailleurs, qui seront les forts et les victorieux : Le roi de Prusse sera le faible et le vaincu; l'avenir le démontrera.

* * *

Nous, qui ne vivons pas seulement de la vie animale ; nous qui pouvons tenir dignement notre place dans une société perfectionnée où le sentiment de la fraternité humaine a la première place, pleurons ceux que le despotisme nous a enlevés et vouons à l'exécration le nom des hommes qui nous ont empêchés de nous entendre et de vivre en paix en nous perfectionnant.

On fait un crime aux pauvres diables qui, par des circonstances funestes, sont entraînés dans les émeutes; combien sont plus coupables, ceux qui après avoir dominé durant vingt ans un peuple trop confiant, tombent du pouvoir en laissant la nation dans l'état où nous avons vu la France en 1870.

Instruisons-nous, mes amis, jugeons nos intérêts gravement et ne prenons plus des loups pour bergers, mais sachons nous gouverner nous-mêmes convenablement, dans la vie privée comme dans la vie publique.

II.

Il dépend de nous, citoyens travailleurs, qu'il n'y ait plus en France de ces batailles où un ami combat son ami ; où un frère lutte contre son frère ; et où le père peut se trouver en face de son fils.

Notre union, en empêchant les conjurations et les coups d'État, préviendra la guerre civile.

L'union nous donnera promptement la connaissance exacte de nos devoirs et de nos droits ; elle nous fera prendre généreusement les meilleurs moyens d'améliorer sagement, sans troubles, la condition intolérable du plus grand nombre, tout en respectant les droits acquis.

Il y a place pour tous les Français dans un pays comme la France. Si l'on s'y trouve mal à l'aise, c'est par suite de l'ignorance des uns, de l'égoïsme des autres. Mettons tous un peu de bonne volonté au service de la réforme et nous verrons qu'il est facile de s'entendre ; ceux qui souffrent y gagneront beaucoup et les plus favorisés n'y perdront rien ; au contraire, ils auront une vie plus douce : les misères de leurs semblables ne les troubleront plus.

*
* *

Si nous voulons être véritablement forts, il ne faut nous mettre au service d'aucun homme de parti ; il faut nous accoutumer à juger ce qui nous convient le mieux, ce qui est le plus juste, ce qui est le plus avantageux, en nous plaçant, non pas à notre point de vue personnel, mais au point de vue de l'intérêt général.

En servant l'intérêt général, on est sûr de servir son intérêt particulier de la manière la plus convenable.

Ah! si l'on savait combien il est avantageux dans une nation de travailler les uns pour les autres, librement et suivant les simples règles du bon sens uni à la justice, la réforme sociale que nous réclamons serait bientôt faite!

Chers concitoyens, voyons-nous souvent, causons ensemble de nos affaires publiques et aussi de nos affaires particulières, — nous serons bientôt étonnés du bien qu'aura produit sur nous tous cette confiance réciproque : il en résultera une instruction pratique de la plus haute importance.

*
* *

Nous vous disions tout à l'heure de ne pas trop vous attacher aux hommes; nous ajoutons : ne vous attachez pas non plus trop aux mots, mais attachez-vous aux principes, lorsque vous les croyez bons et justes.

Nous avons souvent été trompés par les hommes, comme vous le savez; les mots nous trompent plus sûrement encore, parce qu'on s'en défie moins.

Ainsi, à Paris, lorsque nous avons une élection à faire, tous les candidats sont radicaux, et si le meilleur dédaignait cette épithète, il perdrait toutes ses chances. Mais comme tous la prennent, il en résulte une incertitude et une confusion fâcheuses.

Nous avons vu dernièrement ici, dans le 2e arrondissement, un résultat très-déplorable de ce trompe-l'œil; heureusement que le mal a pu être réparé.

Nous vous répéterons donc, chers lecteurs : voyez-vous, parlez ensemble des hommes et des choses, afin de ne pas vous laisser tromper par des paroles mensongères.

La démocratie ne sera véritablement la démocratie que lorsque le peuple, éclairé et moralisé, dirigera lui-même les affaires publiques dans la voie de la vérité et de la justice.

*
* *

Les circonstances sont favorables auv idées que nous servons. Les travailleurs sont très-disposés à suivre la route pacifique du progrès régulier. C'est le chemin le plus sûr pour arriver au but que nous proposons et que nous atteindrons certainement en marchant courageusement, sans craindre les obstacles.

Tout entier à notre idée fraternelle de nous entr'-aider dans la vie sociale, rapprochons les travailleurs des champs des travailleurs des villes pour améliorer les conditions du travail des uns et des autres.

Mettons-nous à l'étude pour nous instruire et, par ce moyen, augmenter notre force.— Nous n'irons plus dans la rue combattre avec un fusil; mais en toute occasion nous défendrons nos droits et nous pratiquerons nos devoirs civiques pour faire du peuple français un grand peuple et de la France une grande nation.

L'AVENIR.

I.

A nous les jeunes ! L'espérance vous est permise à vous ; sachez profiter du temps ; mettez-vous à l'œuvre sans attendre. — Nous, qui sommes vieux, nous aurons la peine ; les fruits que nous soignerons ensemble seront pour vous.

Si les jeunes gens représentent l'Espérance, les vieillards, qui travaillent pour l'avenir, représentent le dévouement ; — fraternisons donc, jeunes et vieux ; mettons en commun nos sentiments généreux.

Lorsque les aînés auront quitté la vie, les cadets et les jeunes, en continuant l'œuvre commencée, honoreront la mémoire de ceux qui leur auront donné l'exemple de l'abnégation.

*
* *

L'avenir sera ce que nous voudrons qu'il soit, nous qui sommes le nombre et la véritable force du pays.

Nous sommes à une époque de transition très-importante. Il faut progresser avec la liberté ou marcher vers la décadence en prenant pour guides les cléricaux et en adoptant leur doctrine du *Syllabus*.

Il y a une troisième voie que nous pouvons suivre : celle que beaucoup de nos concitoyens ont suivie et suivent encore. Indifférents aux spéculations de l'esprit, ils vivent et jouissent, ou vivent et souffrent, et croient que c'est toute l'existence.

Non, ce n'est pas là la vie ! Montrons-leur qu'il y a quelque chose de supérieur à cette existence animale ; cherchons le mieux, pratiquons le bien et agrandissons notre intelligence par des études sérieuses.

Il y aura toujours des inégalités entre les hommes ; mais nous devons faire en sorte que ces inégalités soient l'œuvre de la nature et non de notre paresse ou de notre injustice.

Mettons tous nos soins, citoyens, pour avoir une place honorable dans la société humaine perfectionnée, que nous espérons fonder en France avec l'aide de tous ceux qui, comme nous, veulent que notre pays devienne, dans le monde, la nation modèle.

*
* *

Pour grandir dans l'avenir, il faut nous débarrasser d'une foule de défauts que le machiavélisme monarchique et clérical nous a fait contracter à notre insu, afin d'affaiblir notre raison et, par conséquent, notre force : les pratiques superstitieuses, l'enseignement clérical et les livres qui l'accompagnent ou qui le suivent, etc., etc.

Par exemple, les livres du rosaire, qui sont en général des romans socialistés dans le sens du *Syllabus*, sont lus par nos enfants qui n'y voient pas malice, mais qui y prennent, cependant, des doctrines contraires à la raison et à la vérité.

Le mal ne s'arrête pas là. Nos filles, l'imagination excitée par les intrigues pieuses des fades romans qu'elles ont lus, prennent le goût des romans plus sérieux et non moins dangereux.

Nous pouvons, sans exagérer, dire qu'un vingtième des habitants du département de la Seine dépensent chacun 10 francs par an en romans vendus à 10 cent. la livraison ; c'est un million de francs dépensés chaque année à Paris pour cet objet,— plusieurs millions pour toute la France.

Combien ces millions seraient mieux employés si, au lieu de les faire servir à pervertir les femmes qui doivent devenir les institutrices de la première enfance, ils servaient à augmenter l'intelligence et la raison de celles qui doivent, avec nous, travailler aux réformes morales de notre société.

*
* *

N'oublions pas non plus un autre grand danger ; méfions-nous des ambitieux qui veulent des places et qui font de la démocratie pour se faire remarquer ; ils passent ensuite à l'ennemi dès qu'ils le peuvent.

Ces hommes-là doivent être devinés ; ils ne doivent pas abuser de notre confiance ; nous ne devons pas leur servir de marchepied pour les aider à monter au pouvoir. — Notre *Enquête* doit nous débarrasser de ces parasites et nous faire trouver les vrais hommes de bien.

II.

Sans aller jusqu'à l'utopie systématique, voyons donc, chers lecteurs, ce que pourrait être l'avenir, avec un peu de bonne volonté de la part de chacun des citoyens français.

Commençons par la commune, cette partie si négligée et pourtant si importante de la nation.

Par leurs travaux, les habitants des communes rurales nous assurent la nourriture du corps ; ils méritent donc, autant que qui que ce soit, notre fraternel appui.

Aussi, sommes-nous disposés à entretenir avec ces travailleurs, autant qu'il dépendra de nous, des rapports d'une grande bienveillance ; et nous serons heureux de les voir disposer à notre égard des mêmes sentiments bienveillants.

Nous souhaitons que l'avenir leur soit aussi favorable que le passé leur a été cruel; car ce sont les habitants des campagnes qui ont eu le plus à se plaindre de l'ancien régime.

*
* *

Il y a toute une révolution à faire dans la vie champêtre, très-enviable lorsque d'importantes réformes y auront été introduites.

D'abord, il faut que l'éducation nationale et civique remplace les pratiques routinières de l'instruction congréganiste. Là, comme dans les villes, il faut savoir pratiquer dignement la liberté, les devoirs et les droits qu'elle comporte.

Il faut que les durs travaux de la campagne soient égayés par des jeux et par des occupations de l'esprit qui reposent le corps en agrandissant l'intelligence.

Il faut, en un mot, qu'on trouve aux champs les récréations corporelles et intellectuelles que l'on trouve dans les villes; que la vie politique s'y développe de manière à permettre un ensemble de vues et de moyens entre tous les bons citoyens du pays, qu'ils soient ruraux ou citadins.

*
* *

Cette unité d'intérêts et d'aspirations, en resserrant les liens sociaux des habitants d'un grand pays donnera à notre nation une activité intelligente et pacifique qu'elle n'a jamais eue, parce qu'on n'a jamais voulu favoriser cette fusion des intérêts, cette bienveillance de rapports, si désirables cependant.

La République et le suffrage universel faisant passer le pouvoir souverain au peuple tout entier, nous espérons que ce rapprochement de tous les citoyens se fera naturellement et sans effort.

Les avantages moraux qui résulteront de ce rapprochement, les perfectionnements qui en seront la conséquence auront une portée immense ; et nous pouvons croire que les désordres qui existent seront très-promptement guéris.

* * *

Ce qu'un pouvoir tyrannique, aidé d'un pouvoir théocratique, a défait en vingt ans, sera reconstruit en peu d'années.

Nous n'en resterons pas là : nous voulons que la vertu remplace partout le vice ; que la dignité prenne la place de la servilité ; que l'instruction fasse disparaître l'ignorance ; que la vérité détrône le mensonge ; que la liberté du bien rende impossible la liberté du mal ; que la raison et la justice soient partout respectées.

L'homme comprenant bien ses devoirs de citoyen ; le Gouvernement comprenant mieux les siens, nous aurons, autant qu'il est possible, le bonheur individuel et le bonheur social.

EUGÈNE CHEVALLIER.

Sancerre. — Imprimerie de A. AUPETIT.

LES RÉFORMES NÉCESSAIRES

—

L'ÉDUCATION NATIONALE

I.

La vérité est notre guide ; la science, notre flambeau ; la liberté de la pensée, le plus cher de nos biens ; la justice, le but que nous voulons atteindre.

Notre principal adversaire est l'esprit clérical, l'éducation ultramontaine des congréganistes.

Pour défendre la société française, fille de notre grande et généreuse révolution de 89, contre les doctrines qui viennent de Rome, nous demanderons, avec une persistante énergie, à nos représentants, l'organisation de l'éducation nationale et civique sur les plus larges bases.

C'est une question de vie ou de mort pour notre pays. Une bonne éducation nationale peut nous donner une force morale, une grandeur de sentiments, une élévation de caractère qui feront de nous de vrais hommes et de bons citoyens.

L'éducation cléricale, au contraire, si elle continuait ses conquêtes sur l'esprit de nos gouvernants ; si le Syllabus pouvait arrêter le progrès dans sa marche pacifique et régulière, nous ferait perdre le peu d'énergie qui nous reste, et la France descendrait au rang de l'Espagne. La puissance cléricale produirait chez nous ce qu'elle a produit chez nos voisins : la décadence.

*
* *

Nous sommes loin du temps où Lakanal faisait adopter son projet d'éducation civique par la convention nationale. Aussi, parmi les réformes que nous devons souhaiter le plus ardemment, l'éducation sociale est la plus importante ; car si nous ne réformons pas notre caractère servile, nos mœurs légères et notre présomptueuse ignorance, tout ce que nous bâtirons croulera.

L'éducation républicaine doit être la base du gouvernement démocratique que nous voulons établir solidement ; puisque le peuple est souverain, il lui faut du savoir, de la volonté et de la dignité, par ses libres et fortes vertus. Il faut que nous sachions, citoyens travailleurs, tenir dignement la place importante que la constitution et le suffrage universel nous ont faite.

Il faut que, sages dans notre force, nous jugions sainement et sans passion ce qui est bien et ce qui est mal.

Il faut joindre la prudence à la fermeté, pour obtenir, dans la mesure du possible, les améliorations que la nécessité rend indispensables.

Pour agrandir et pour conserver ces précieux biens, il nous faut l'instruction, il nous faut l'éducation nationale et civique.

*
* *

Nous, qui jugeons à notre convenance la question de l'éducation populaire, nous pouvons et nous devons le faire d'une manière absolue, et sans nous arrêter aux circonstances et aux obstacles plus ou moins inopportuns.

Et nous disons : ces obstacles doivent disparaître le plus tôt possible dans l'intérêt de tous. Les demi-mesures, au lieu de guérir le mal, compromettent souvent la vie du malade.

Il ne faut pas se faire illusion ; les ennemis de nos institutions, les hommes à privilèges ne seront jamais disposés à favoriser le développement de la raison publique, par l'instruction du peuple.

Par conséquent, il est impossible d'admettre le système des concessions, pour l'objet qui nous occupe ; on ne peut pas faire une société intime et cordiale entre le loup, le berger et la brebis.

La République est un gouvernement ouvert à tous, certainement ; mais cela n'empêche pas de distinguer ce qui est convenable, ce qui est possible ; puis ce qui est dangereux et impraticable.

Qu'un homme, par suite d'une sérieuse conversion, vienne sans arrière-pensée dans la démocratie, acceptons-le sans difficulté, comme un bon citoyen et un ami ; mais gardons-nous des aristocrates et des aristocraties qui ne veulent que notre abaissement.

Pratiquons une sage et prudente tolérance envers nos adversaires ; une large et confiante conciliation pour nos amis, les vrais démocrates.

II.

Les hommes intéressés à nous tromper nous disent que l'éducation cléricale est indispensable à la bonne direction des intérêts sociaux ; que cette éducation a toutes sortes de vertus fortifiantes pour l'homme, et une foule d'avantages dans la pratique de la vie.

Examinons ce qu'il y a de vrai dans ces affirmations :

Depuis plus de vingt-cinq ans, l'influence cléricale est toute-puissante en France ; elle aurait dû nous donner tous les avantages et les perfectionnements qu'elle seule peut produire, au dire de ses partisans.

Or, la morale est bien diminuée, les caractères bien affaiblis, les vices se sont accrus considérablement.

Et lorsque notre patrie a été en danger, cette génération formée par le clergé, de compte à demi avec l'Empire, a montré ses infirmités physiques et morales (1).

A-t-elle fait au moins des fanatiques cette éducation cléricale ? Non, elle n'a fait que des hypocrites et des sceptiques. Beaucoup craignent sa puissance, très-peu croient à la pureté de ses intentions.

Quand on voudra travailler efficacement à la révolution des idées pour établir la vérité et la raison, on abolira l'enseignement congréganiste, et nos écoles publiques recevront comme directeurs des citoyens sérieux, honorables, qui sauront faire respecter la loi naturelle du progrès.

*
* *

Cette question de l'éducation populaire est traitée selon nous avec trop peu de gravité, même par quelques-uns de ceux qui prennent le titre de républicains radicaux. Aussi ne laisserons-nous pas passer l'occasion de combattre une opinion qui a été publiquement développée par un candidat au conseil municipal de Paris.

(1) Il y a d'honorables exceptions, et parmi elles l'héroïque population parisienne qui, pendant le siége, a donné tant de preuves de patriotisme.

L'honorable citoyen qui a émis les idées que nous allons réfuter n'avait très-certainement que de bonnes intentions, et nous avons été péniblement impressionné en l'entendant traiter de cette manière cet important sujet.

Voici, en résumé, l'opinion de ce citoyen :

« Il est utile que les jeunes gens qui se destinent à l'enseignement aillent passer deux ans à l'armée pour être aptes à enseigner la gymnastique et pour *se former à la discipline.* »

« En envoyant à l'armée, sans exception, les laïques et *les congréganistes, beaucoup de ces derniers n'ayant plus de privilèges, viendront dans les écoles laïques et augmenteront ainsi le personnel de ces écoles.* »

L'éducation nationale se traînerait longtemps dans l'impuissance si l'on n'employait pas des moyens plus efficaces que ceux-là.

*
* *

Ce que nous venons de rapporter démontre la vérité que nous avons énoncée déjà : l'éducation populaire est traitée avec trop peu de gravité.

On croit avoir fait beaucoup lorsque l'on a promis d'améliorer le sort des instituteurs, de transformer des congréganistes en laïques, de nous donner des jeunes maîtres formés à la discipline militaire.

Ah! Messieurs, nous, travailleurs qui n'avons pas votre science, nous comprenons autrement l'éducation nationale.

Ce n'est pas la discipline militaire qu'il faut à ceux qui doivent réformer la nation ; ce sont des vertus, du dévouement, une grande énergie et beaucoup d'indépendance contenue par le devoir, par le désir et la volonté de bien faire.

Ne cherchez pas à convertir les congréganistes pour nous en faire cadeau ; ce ne sont pas des convertis qu'il nous faut pour former nos enfants. Pour instruire les enfants du peuple, il faut ce qu'il y a de plus digne, de plus pur dans la nation ; les plus grands cœurs, les plus beaux caractères ne sont pas trop méritants pour former des hommes, pour faire des citoyens et pour élever la France à la première place parmi les nations.

III.

Lorsque l'on donnera à nos enfants, dans les écoles élémentaires, des principes sévères en vue d'en faire des hommes sérieux et des citoyens utiles ;

Lorsque nos filles seront préparées à la vie d'une manière intelligente, pour en faire de bonnes mères de famille qui pourront marcher d'accord avec les hommes de progrès, nous serons dans une bonne voie et nous devrons avoir une entière confiance dans l'avenir.

Ne nous préoccupons pas trop, nous, travailleurs, de ce qui n'est pas l'enseignement populaire ; mais portons tous nos efforts sur ce point capital. Si nous pouvons obtenir une instruction primaire convenable, nous aurons ensuite, sans efforts, tout ce qui peut constituer un bon système d'instruction publique.

Les ultramontains auraient dû borner leur ambition au monopole de l'instruction primaire, qui fait leur force; ils ont voulu avoir en plus la direction de la bourgeoisie : « *qui trop embrasse mal étreint.* » Ils perdront tout pour avoir voulu devenir trop puissants.

La loi sur l'enseignement supérieur n'aura pas une longue durée. Le parti clérical a été très-audacieux en cette circonstance; mais cette audace est une grande maladresse.

*
* *

Veillons, citoyens; regardons bien de tous côtés pour ne pas être des instruments aux mains des ambitieux. Nous devons apprendre à distinguer, dans la pratique de la vie, ceux qui veulent véritablement servir les intérêts populaires avec des intentions pures.

Nous avons un moyen sûr de reconnaître les hommes sincèrement dévoués au peuple : ce sont ceux qui veulent instruire et moraliser les travailleurs, afin de leur donner les moyens de mieux connaître leurs droits et leurs devoirs.

*
* *

Il y a présentement à Paris beaucoup d'entreprises d'intérêt populaire, et nous sommes heureux de voir cette disposition des esprits; cependant, nous vous dirons : « Ne vous engagez pas à la légère, ne favorisez pas les visées d'un homme ou d'une coterie. »

Nous vous dirons encore : « Choisissez avec intelligence et après réflexion quand vous aurez à choisir entre deux ou plusieurs institutions semblables. »

Ainsi, dans notre dix-huitième arrondissement, à Montmartre, on institue deux bibliothèques populaires, parce qu'on n'a pas su s'entendre pour en créer une seule. Tant mieux : abondance de moyens d'instruction ne nuit pas.

Une de ces bibliothèques doit être coopérative, et les fondateurs prendront une action de cinquante francs. — L'autre bibliothèque demande aux adhérents un fr. pour première mise, et ensuite une cotisation mensuelle de cinquante centimes pour les hommes et vingt-cinq centimes pour les femmes.

Nous donnons notre préférence à cette dernière, et voici nos raisons : tous les citoyens et citoyennes peuvent faire le sacrifice demandé, tous sont au même titre fondateurs ; c'est la bibliothèque de tous ceux qui comprennent et l'importance d'une bibliothèque populaire et l'importance de l'égalité civile (1).

L'action de 50 francs, au contraire, restreindra le nombre des fondateurs, et l'on pourra penser que les uns l'ont fait parce qu'ils sont dans l'aisance et qu'ils peuvent ainsi devenir populaires à peu de frais ; que d'autres se sont imposés une assez lourde charge afin de se mettre ou de rester en vue dans un but d'intérêt personnel.

Nous savons bien aussi que dans l'une comme

(1) Nous avons cependant à critiquer la manière de faire des créateurs de cette bibliothèque, ils ont l'intention, dit-on, de prendre un loyer de deux mille francs c'est une trop forte charge pour une bibliothèque en formation

dans l'autre de ces entreprises, le plus grand nombre des adhérents veulent le bien sans aucune arrière-pensée.

Nous avons dit franchement notre sentiment sur les bibliothèques de Montmartre ; c'est ce que nous continuerons à faire toutes les fois que nous aurons à exprimer une opinion que nous croirons utile.

IV.

Revenons à la directions des écoles primaires ; là est toute la question de l'éducation nationale.

Nous devons comprendre cette vérité, nous, travailleurs et la traiter plus largement que ne pourraient le faire les démocrates bourgeois, parce que c'est notre intérêt direct et le plus important de tous, et non le leur.

Quel est l'état actuel de l'instruction élémentaire dans les écoles primaires? Entre quelles mains est la direction de ces écoles? — Les directeurs de l'enseignement de nos enfants sont des congréganistes, instruments du clergé et de la réaction, ou des instituteurs laïques mal rétribués et dans la dépendance de tout le monde.

Les hommes qui sont chargés de donner l'instruction aux enfants du peuple, sont des êtres qui ne peuvent avoir de volonté ; ils seraient brisés s'ils se permettaient la révolte la plus légitime contre l'esclavage qu'ils subissent.

Comprenez-vous, chers lecteurs, quels fruits peut produire une instruction donnée dans de telles conditions et par de tels hommes ?

Voyons donc le remède au mal : Ce remède est simple ; il faut dans toutes les écoles, des villes ou des villages, des instituteurs très-capables et bien pénétrés de l'importance de leurs fonctions.

Il faut des hommes dévoués, vertueux, fermes et indépendants de caractère, qui puissent résister aux obsessions, faire aimer la République et la faire respecter.

Ces hommes, pour être honorés à l'égal de ceux qu'on honore le plus dans la commune ou dans le canton, devront avoir un traitement convenable et une grande liberté d'action, ce qui permettra de répandre l'instruction sans entraves, et de former les jeunes gens à toutes les vertus sociales.

*
* *

Lorsque nos écoles primaires auront des maîtres instruits, graves et moraux, qui comprendront bien la responsabilité qu'ils auront acceptée ; ils rempliront leurs devoirs consciencieusement, et le bien se produira sans peine.

Cependant, pour éviter des conflits et pour faire rentrer dans la règle ceux qui sont enclins à s'en écarter, on devra indiquer exactement les devoirs et les obligations des instituteurs.

On devra séparer, d'une manière absolue, l'enseignement religieux de l'enseignement scientifique, et, dans aucun cas, l'instituteur ne devra s'occuper de l'enseignement religieux.

Ils vaut bien mieux que le père et la mère donnent ou fassent donner cet enseignement intime qui ne peut, sans danger, être donné dans les écoles, comme l'expérience nous l'a démontré.

Ce que nous avons dit en faveur de l'instruction et de l'éducation des jeunes garçons, nous le voulons aussi pour les écoles de filles, car l'éducation actuelle de la femme est encore plus imparfaite que celle de l'homme.

Si nous pouvons, par nos réformes, mettre à la tête de chaque famille un homme et une femme bien pénétrés des droits et des devoirs sociaux, notre société française sera un type de perfection.

Quant aux ressources, pour payer les dépenses d'une éducation nationale comme nous la désirons, nous les trouverons sur les économies à faire dans les autres branches du budget.

Mais il faut absolument faire des réformes radicales dans l'organisation des écoles, si nous voulons fonder solidement la République.

Plus de congréganistes, partout des pères et des

mères de famille qui ont des intérêts communs avec notre société; ôtons de nos maisons d'instruction nationale, ces célibataires qui sont, à notre avis, des ennemis de la famille et de l'état.

EUGÈNE CHEVALLIER.

Nous avions entrepris des *Causeries sur les Sociétés ouvrières*, et nous avions publié un numéro de ces causeries, lorsque nous avons pris la résolution de publier notre *Enquête des Travailleurs sur les réformes sociales*. Ces deux publications auraient fait double emp'oi; nous avons cessé nos Causeries. Nous ajoutoerns à la fin du volume, en supplément, le cahier de nos Causeries, qui se trouvera ainsi utilisé.

—

CORRECTIONS A FAIRE AU CAHIER DES CAUSERIES :

Page 7, au bas de la 5e colonne, mettre 20 au lieu de 10.

Page 8, au lieu de : total des droits à la pension de retraite, 100,000 fr., lisez : cent mille actions d'un an.

Sancerre. — Imprimerie typographique de A. APPETIT

LES RÉFORMES NÉCESSAIRES

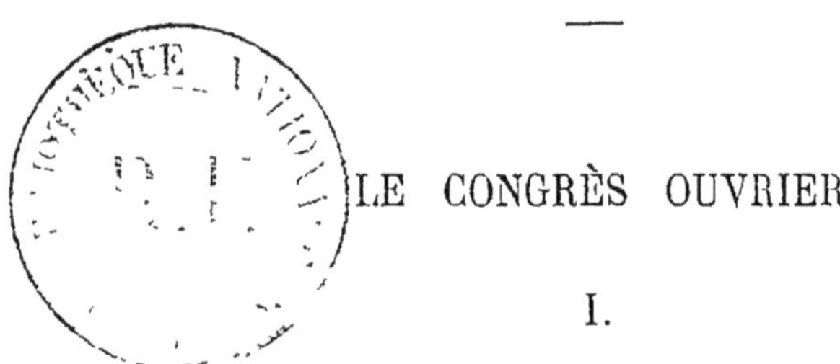

LE CONGRÈS OUVRIER

I.

Les idées que nous défendons, citoyens travailleurs, ont trouvé un écho puissant. Nous avons eu la satisfaction d'entendre, du 1er au 10 octobre, les ouvriers de France réunis en congrès, développer toutes nos aspirations beaucoup mieux que nous ne pouvons le faire nous-même.

C'est avec bonheur que nous vous parlons de ce premier Congrès ouvrier, où les intérêts des travailleurs ont été défendus par leurs pairs, avec une grande force de vérité et de justice, unie à beaucoup de modération et de convenance.

Nous avions craint, nous devons vous l'avouer, quelque confusion et quelque excès de langage dans cette assemblée qui débutait et qui ne pouvait avoir de discipline ; mais nous avons été très-heureux de nous convaincre par nous-mêmes de la prudence et de la sagesse des membres du congrès.

*
* *

Nous avons été frappé de l'esprit pratique des orateurs, et, en même temps, nous avons remarqué et nous

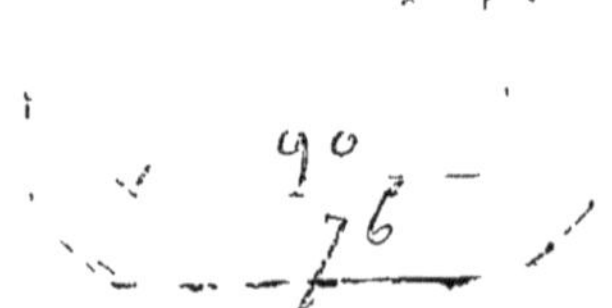

ne pouvons trop approuver la manière large et libre que la réunion a de suite adoptée.

Dès la première séance, tous les délégués se sont cru chez eux au même titre, et ont agi en conséquence ; les députés au Congrès ont dirigé directement leurs affaires avec un ensemble remarquable.

Des citoyens, qui commencent ainsi leur rôle de réformateurs du prolétariat, sont dignes des plus grands éloges ; ils doivent être remerciés par tous ceux dont ils défendent les besoins.

Et nous tous, citoyens prolétaires, nous devons favoriser ce réveil des revendications populaires, pour obtenir régulièrement, pacifiquement et légalement, les réformes qui nous sont indispensables.

*
* *

Le Congrès ouvrier de Paris avait un vaste programme ; il embrassait toutes les questions dont la solution intéresse l'avenir des travailleurs :

Travail des femmes ;

Chambres syndicales ;

Conseils de prud'hommes ;

Apprentissage et enseignement professionnel ;

Représentation directe du prolétariat au parlement ;

Associations coopératives de production, de consommation et de crédit ;

Associations agricoles.

Le Congrès a tout abordé ; il a traité plusieurs de ces sujets d'une manière approfondie.

On aimait à entendre des ouvriers manuels parler simplement des choses de leur compétence, indiquer le mal et le remède avec une justesse de raisonnement qui aurait fait honneur à de savants économistes ; mais, dans leur bouche, les arguments avaient plus de force, parce qu'on savait qu'ils connaissent, pour en avoir souffert personnellement, les vices et les abus qu'ils dénonçaient.

Et ce qui nous plaisait surtout dans leurs discours, c'étaient leurs sentiments généreux ; aucun n'est venu réclamer un avantage personnel, tous les orateurs ont parlé au nom du droit commun.

Les travailleurs délégués qui ont pris la parole ont été très-pratiques ; l'utopie et les systèmes théoriques ont été mis de côté ; ils n'ont abordé que les moyens raisonnables.

Ils ne se sont pas montrés impatients ; ils savent que beaucoup des réformes qu'ils préparent ne profiteront qu'aux générations à venir ; ils y travaillent cependant avec ardeur : là est la noblesse de leur conduite.

Ils ne sont pas exigeants ; ils ne demandent que la part de bien-être à laquelle ils ont droit, et la réparation des injustices dont ils sont les victimes.

Citoyens, nous tous qui avons ces besoins et ces sentiments, appuyons de tout notre pouvoir les revendications de nos amis, les travailleurs délégués au Congrès ouvrier.

II.

La première question examinée par le Congrès a été celle du travail des femmes.

Cet important sujet a été parfaitement traité par des personnes des deux sexes, et cette imposante séance a étonné les amis comme les adversaires du Congrès.

Nous appréhendions, nous, les amis du progrès, un défaut de savoir faire chez les délégués et déléguées; mais cette crainte n'a pas été de longue durée et nous avons applaudi avec bonheur le premier citoyen qui a lu un travail très-remarquable sur la question.

Les dames qui ont parlé ensuite, l'ont fait convenablement, en très-bons termes; elles étaient dans leur domaine. Elles ont démontré par des exemples et par des chiffres, toute l'étendue du mal et la nécessité de le guérir.

Elles ont dénoncé les maisons religieuses, les écoles congréganistes et les prisons pour la concurrence désastreuse qu'elles font aux ouvrières; car les personnes qu'on reçoit dans ces maisons travaillent gratuitement ou reçoivent un salaire extrêmement réduit.

Elles ont fait connaître avec détail les maux qui résultent de l'exploitation de l'ouvrière; l'abaissement graduel et continu du prix de main d'œuvre, et, comme conséquence, le travail trop prolongé pour gagner un salaire insuffisant.

Elles ont dit, ce qui est trop vrai malheureusement, que le travail prolongé diminue les forces physiques de la femme, détermine des maladies et explique l'affaiblissement général de l'espèce humaine.

Elles ont signalé enfin cette triste vérité: que l'insuffisance des salaires augmentait considérablement les causes d'immoralité, et que les bonnes mœurs, la vie pure et fortifiante de la famille réclament impérieusement des modifications importantes dans l'organisation du travail des femmes.

*
* *

Après avoir entendu les rapports et les discours de cette belle séance, nous avons eu foi pleine et entière ; nous avons cru plus fermement que jamais à nos espérances.

Nous cherchions des hommes, nous en avons trouvé, et nous les avons trouvés tels que nous les demandions.

Nous voulions des femmes fortes et sages, bien pénétrées de l'importance du rôle que la femme doit jouer dans notre société perfectionnée ; nous avons entendu de modestes ouvrières parler le langage de la raison la plus pure.

On a signalé dans le Congrès bien des vices sociaux à faire disparaître, bien des imperfections morales à guérir ; mais si le mal est grand, nous avons la volonté de le combattre. Nous sommes plus forts, plus nombreux que nos adversaires ne le croyaient, que nous ne le croyions nous-mêmes : le Congrès a donné la mesure de notre puissance.

Nous disons, *nous*, parce que tous ceux qui approuvent et qui combattent pour le droit peuvent se personnifier dans les orateurs et oratrices qui ont parlé au Congrès ouvrier, dans l'intérêt de tous les prolétaires.

C'est une importante étape que la question ouvrière a faite ; c'est le commencement de la représentation directe des travailleurs. On ne peut plus dire que les ouvriers sont incapables de défendre eux-mêmes leurs intérêts ; ils ont prouvé le contraire.

Le 2 octobre 1876 est une date mémorable pour le prolétariat ; c'est le 89 des travailleurs.

Faisons en sorte, citoyens, de ne pas faire dévier ce beau mouvement, cette imposante manifestation.

Nous voulons réformer les abus; nous voulons perfectionner les lois, pour les rendre plus équitables ; nous voulons améliorer nos institutions pour que tous les hommes soient meilleurs et plus heureux; tout nous dit que nous y réussirons si nous savons poursuivre nos revendications avec une tenacité persévérante.

III.

A propos des Chambres syndicales et des Conseils de prud'hommes, le Congrès a examiné, a fait connaître les réformes qui doivent être apportées aux lois françaises, pour les mettre en harmonie avec les besoins nouveaux de la démocratie.

Il a réclamé, en première ligne, la liberté de réunions et d'associations. Il est évident que, sans cette liberté, il y a oppression pour un grand nombre de citoyens, puisque les meilleures institutions ne peuvent exister que par la tolérance, lorsque les intolérants, les fanatiques peuvent nous damner tout à leur aise du haut de la chaire de charité.

Le Congrès a dit encore que les Chambres syndicales ouvrières doivent grouper chaque corporation autour d'elles, afin d'avoir une force capable de résister à l'exploitation en créant des sociétés coopératives de production, de consommation et de crédit. Cette question importante et difficile a été considérée avec raison comme essentielle à la réorganisation du travail et à l'affranchissement des travailleurs.

*
* *

Plusieurs manières de pratiquer la coopération ont été développées. Mais ce qui nous a causé une véritable satisfaction, ç'a été de voir la grande majorité des délégués se prononcer en toute occasion pour les propositions les plus généreuses, et les moins personnelles par conséquent.

L'école positiviste a donc été bien mal inspirée en apportant, parmi ces hommes de dévouement, son désolant système d'individualisme. Aussi, malgré le mérite réel du rapport qui a été lu par un de ses adeptes, l'assemblée a montré peu de sympathies pour cette doctrine.

Il y a encore beaucoup de vague et d'indéterminé dans les idées émises sur les sociétés coopératives; il ne peut en être autrement : la pratique seule peut compléter par l'expérience ce qui est nécessairement incomplet. Il n'est pas moins vrai qu'un grand pas est fait vers la réalisation des sociétés corporatives et coopératives, et les chambres syndicales ouvrières vont toutes travailler avec fruit pour les faire réussir après les avoir bien étudiées.

*
* *

Le Congrès, par son importance, par la sagesse de ses délibérations, par sa compétence, a fait dix fois plus sur l'opinion qu'auraient pu faire les Chambres législatives ; aussi, nous espérons que nos députés examineront sérieusement les vœux des délégués du Congrès ouvrier et qu'ils réviseront les lois qui mettent des entraves à l'exercice de la liberté individuelle. Le droit de réunion et d'association est une nécessité qui s'impose impérieusement et qu'on ne peut plus retarder.

Les justes réformes réclamées, et sur les conseils de prud'hommes et sur les différents autres points, seront prises en sérieuse considération par nos législateurs républicains ; car ces vœux sont exprimés par des hommes qui ont vu de près les abus qu'ils signalent.

Il y a déjà accord tacite entre ceux qui réclament et ceux qui peuvent réformer les lois étroites faites pour un autre gouvernement que celui qui nous régit. La preuve de cet accord se trouve dans la liberté qu'on a laissée au Congrès de délibérer paisiblement, sans entraves, au milieu de la capitale.

La preuve se trouve encore dans les paroles prononcées publiquement, plusieurs fois, par notre ministre actuel de l'intérieur, nous engageant à faire nos affaires nous-mêmes, en nous passant de la tutelle de l'État.

IV.

Oui, le Congrès ouvrier a su prendre une belle place dans l'opinion ! Oui, le Congrès ouvrier a su mériter l'estime des bons citoyens ! — Et comment ? En traitant toutes les questions au point de vue de la justice et de l'intérêt social, et non d'une manière étroite et égoïste.

Comme pour la question importante du travail des femmes, le Congrès s'est occupé des apprentis.

La question du travail des apprentis est une question morale de la plus haute importance. C'est l'avenir des enfants, compromis par les abus, que les délégués ont fait connaître ; c'est l'avenir de l'ordre social, qui est troublé par ces abus, qu'on ne doit plus tolérer.

Comment peut-on former de bons citoyens, de bons ouvriers, si l'on commence, pour servir l'intérêt mesquin d'un patron, à faire de l'enfant un être machinal.

Honneur à vous, délégués, qui avez protesté avec

indignation contre ces procédés inhumains et anti-sociaux!

Honneur à vous, qui avez réclamé l'instruction professionnelle pour tous les ouvriers et plus particulièrement pour les apprentis!

*
* *

Nous n'entrerons pas dans les détails des rapports sur l'instruction professionnelle. Les hommes et les femmes qui ont traité la question l'ont fait avec soin. Là encore l'école positiviste a vu ses tendances repoussées d'une manière presque unanime.

Les orateurs qui ont parlé en faveur de l'enfance sont en général de notre avis, c'est-à-dire nous sommes du leur; il faut obliger l'enfant à aller à l'école tant qu'il est possible, et lorsque le jeune homme ne peut plus aller à l'école, il faut que l'école aille le trouver à l'atelier ou à la fabrique.

*
* *

Faut-il faire précéder la théorie ou la pratique dans l'enseignement professionnel? Les rapports ont donné la préférence à l'un où l'autre système. Nous pensons, nous, que la théorie et la pratique doivent ordinairement marcher ensemble, l'une aidant l'autre.

C'est surtout dans l'enseignement professionnel qu'il est facile de faire marcher la pratique avec la théorie et de tirer un profit immense de ces études comparées et expliquées par des résultats.

Nous sommes entièrement d'accord avec les délégués pour rejeter l'enseignement congréganiste. Nous l'avons déjà dit dans nos cahiers : — cet enseignement menteur ne donne que des apparences ; rien de solide, ni dans les idées ni dans l'exécution sérieuse. Les congréganistes s'étudient à satisfaire l'amour-propre des parents et les yeux des personnes qui jugent superficiellement.

Une autre considération doit nous faire rejeter tout ce qui nous vient des congréganistes. Ces hommes sont des instruments d'un gouvernement théocratique, qui veut étouffer la liberté de la pensée ; qui veut s'opposer aux progrès de la raison ; qui veut détruire la République. Notre devoir, à nous, qui voulons la paix et l'union, est de combattre ces éteignoirs de la vraie science.

V.

Vous le savez, chers lecteurs, nous combattons depuis déjà longtemps pour cette idée : la représentation directe du prolétariat au Parlement.

Le Congrès ouvrier ne nous a donc pas converti ; mais nous avons été très-heureux de constater pratiquement que notre opinion n'est pas une utopie, et qu'il y a, dès maintenant, en France, des prolétaires qui ont donné des preuves de leur sagesse et de leur capacité ; des hommes qui traitent mieux que tous autres les questions sociales relatives aux réformes à introduire dans nos lois; des hommes qui veulent que les prolétaires, produisant tout, pèsent d'un certain poids dans la balance politique.

*
* *

Depuis près d'une année, nous engageons les ouvriers à créer un journal traitant des questions sociales, et rédigé par les travailleurs eux-mêmes.

Les délégués au Congrès ouvrier sont parfaitement dans ces vues; c'est tout naturel. Comme nous n'avons qu'un désir, celui de travailler au profit de tous, nous avons offert au Congrès, d'accord avec nos amis, le titre du journal que nous avons projeté :

L'ENQUÊTE, Journal des Travailleurs.

Ce titre, qui convient si bien à la situation actuelle des prolétaires, pourrait satisfaire tous les ouvriers. Nous nous sommes mis à la disposition des délégués qui peuvent faire réussir cette idée, et nous entretiendrons dans ce but une correspondance active avec les hommes qui mettent l'intérêt de la démocratie au-dessus des petites satisfactions d'amour-propre personnelles.

*
* *

Il faut créer ce journal d'intéret social; c'est une nécessité de premier ordre pour les travailleurs. Il faut continuer dans cet organe ce qui a été si bien commencé par le Congrès.

Il faut que les ouvriers industriels et agricoles de France puissent exprimer, développer ce qu'ils ont conçu dans l'intérêt commun.

Ce journal peut d'abord être hebdomadaire, avoir des suppléments au besoin, suivant l'importance des matières qu'on aura à porter à la connaissance de ceux qui s'intéresent au développement de notre entreprise.

Il faut des ressources ; on en aura facilement si l'on s'adresse à tous les citoyens des villes et des campagnes qui partagent nos idées.

*
* *

Nous aurons ainsi une grande force, nos principes pénétreront partout, et, en 1880, nous pourrons avec assurance présenter aux suffrages des prolétaires les travailleurs qui se seront fait connaître avantageusement par des travaux importants, par un grand sens pratique, par un grand amour de la justice et de l'humanité.

Puisse notre voix être entendue et nos espérances réalisées par ceux qui se sont réunis au Congrès ouvrier de Paris!

VI.

La dernière question traitée par le Congrès était celle-ci : *Associations agricoles et rapports des ouvriers agricoles avec les ouvriers industriels.* Les agriculteurs manquaient au Congrès; espérons qu'il s'en trouvera à Lyon l'année prochaine.

Lorsque nous pourrons résoudre ces problèmes : associations agricoles, union des travailleurs des villes et des campagnes, la révolution sociale sera accomplie.

C'est le plus cher de nos vœux; mais nous devons dire que la solution de ces problèmes est très difficile ou du moins sera longue à résoudre.

Il y a tant d'obstacles entre la vérité et l'erreur, surtout dans les campagnes, que le progrès de la raison sera lent. Cependant, ne nous décourageons pas : plus le mal est grand, plus il nous faut de courage pour conduire notre œuvre à bonne fin.

Ceux de nous qui ne verront pas le triomphe complet auront au moins la satisfaction de voir un commencement d'exécution.

Courage donc, nous tous qui avons pour but la justice; travaillons pour l'avenir et prenons ce que le présent peut nous donner!

Travaillons pour l'instruction, pour la moralisation de nos compatriotes, et un avenir prochain nous donnera des avantages sérieux.

Combattons le mal, combattons le vice; combattons surtout le mensonge et l'hypocrisie, car la fausse vertu est notre ennemie la plus redoutable.

* * *

Délégués au Congrès de Paris de 1876, vous avez bien mérité du pays. On vous a rendu justice, et votre exemple sera contagieux !

Les assises du travail, que vous avez dignement inaugurées, continueront ; le Congrès de Lyon, l'année prochaine, poursuivra la tâche commencée cette année à Paris ; il l'étendra, il fera connaître les progrès acquis dans l'année qui va s'écouler.

A l'étude des problèmes sociaux, nous tous qui comprenons la solidarité ; mais à l'exemple des délégués au Congrès de Paris, abordons les idées d'application immédiate.

Les souffrances sont plus réelles encore qu'apparentes, car on les cache ; le temps ajoute à nos misères au lieu de les guérir. Avisons donc, et sans retard.

*
* *

Nous voudrions, citoyens délégués, avoir un grand talent, une immense influence ; nous voudrions pouvoir convaincre les hommes de tous états, et leur dire à tous ce que vous avez dit à un trop petit nombre : « Associez-vous, instruisez-vous, travaillez les uns pour les autres et vous serez tous plus heureux. »

Mais, si la salle de la rue d'Arras n'a pu contenir que mille auditeurs, les journaux amis, les journaux de nos adversaires eux-mêmes, ont fait connaître vos sages revendications.

Espérons donc que le pays vous aura entendu, que nos députés vous auront compris, que le gouvernement aura reconnu la justice de vos réclamations et qu'ils y feront droit.

Nous saurons au besoin, vous et nous tous, travailleurs, élever de nouveau la voix pour faire que notre République soit un gouvernement de justice pour tous, d'instruction pour tous, afin de donner à chacun la place qu'il mérite d'occuper dans notre société, où l'égalité civile et politique doit être scrupulusement mise en pratique.

EUGÈNE CHEVALLIER.

AVIS AUX OUVRIERS FRANÇAIS

Il est de la plus haute importance de créer un journal rédigé exclusivement par les travailleurs, pour continuer le mouvement imprimé à la réforme sociale par le Congrès ouvrier de Paris.

Nous engageons nos amis de la province à s'entendre avec nous à ce sujet.

Cette idée, que nous poursuivons depuis longtemps, d'accord avec les autres membres du CERCLE DES TRAVAILLEURS de Paris, ne doit plus être ajournée.

Il faut que tous les ouvriers français, qui veulent le perfectionnement social et une meilleure organisation du travail, se mettent en rapport avec nous, pour aviser ensemble.

Il faut que dans chaque ville on crée des ressources pour soutenir le journal dont nous parlons ; il faut provoquer dès maintenant des abonnements qui seront payés plus tard, lorsque l'administration du journal sera nommée.

Nous pensons que l'on doit d'abord faire un journal hebdomadaire, à 6 francs par an, et l'on pourra, si l'on s'en occupe activement, faire paraître le premier numéro le 1er janvier 1877.

EUGÈNE CHEVALLIER,
Secrétaire du Cercle des Travailleurs, *en formation,*
11 *rue du Jour, à Paris.*

Adresser les communications et renseignements au citoyen Eugène CHEVALLIER, **11**, rue Gabrielle, à Montmartre-Paris.

En vente à la même adresse :

LES SIX PREMIÈRES LIVRAISONS

DU LIVRE INTITULÉ :

ENQUÊTE DES TRAVAILLEURS

Sur les Réformes sociales

PRIX : 10 centimes la Livraison.

Sancerre. — Imprimerie typographique de A. AUPETIT.

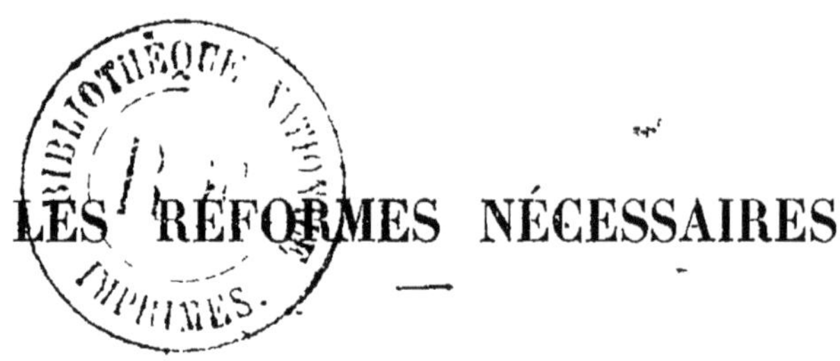

LES RÉFORMES NÉCESSAIRES

LA MISÈRE ET SES CONSÉQUENCES.

Le docteur Henri Napias a fait un petit livre intitulé : *Le Mal de Misère*. C'est un résumé de ce livre que nous allons, chers lecteurs, vous donner dans ce 7me cahier.

M. Henri Napias, que nous n'avons pas l'honneur de connaître, a mis, dans 64 pages petit format, des faits importants, des vérités douloureuses qu'il importe de connaître; nous engageons les ouvriers et les amis de l'humanité à lire ce petit volume (1).

L'auteur a voulu, dans peu de pages, faire connaître les faits que sa profession de médecin lui a donné les moyens de constater. On sent, en le lisant, que les défectuosités sociales l'ont vivement impressionné, et sa doctrine, qui est aussi la nôtre, conclut à la guérison possible de toutes les plaies sociales, quelque affreuses qu'elles sont, par la liberté et par l'instruction pratiquées d'une manière convenable.

*
* *

Notre docteur prend deux enfants au berceau, nés le même jour à la même heure, l'un au faubourg Saint-Honoré, dans un hôtel somptueux, l'autre, dans un bouge de la rue Mouffetard.

Il nous fait le détail des soins qui président à la naissance, à la conservation du premier : rien ne manque

(1) Prix : 0 fr. 50 cent. Librairie républicaine. 16; rue du Croissant.

à cet enfant de la classe dirigeante; on éloigne de lui toutes les influences qui pourraient nuire à sa santé.

Il nous présente l'autre enfant, venu tant mal que bien, à peine vêtu, couché dans un panier placé dans une chambre froide.

La mère de l'enfant riche n'a manqué de rien, n'a pas souffert pendant sa grossesse, et l'enfant non plus, par conséquent. On va trouver une forte et saine nourrice pour cet heureux bébé.

Notre pauvre enfant de la rue Mouffetard souffre dès sa première heure, et ses souffrances vont continuer. Le travail réclame son père et sa mère, il est presque abandonné en naissant; s'il est faible, il va mourir; s'il ne succombe pas au mal de misère, sa vie sera une lutte continuelle contre ce mal.

*
* *

Ces deux enfants avaient en naissant des chances égales de durée; nous pouvons prévoir pour chacun les chances de mort.

L'enfant riche a trois chances de vie, contre une pour l'enfant pauvre, pendant la première enfance; si le pauvre vit quarante ans, le riche peut compter sur soixante; si le prolétaire va jusqu'à cinquante ans, l'homme fortuné peut aller à quatre-vingts.

L'homme heureux qui ne manque de rien est dans la force de l'âge et de la santé à 40 ans; l'homme de travail et de privation est vieilli et étiolé au même âge.

Pourtant, l'étude physiologique ne fait pas de différence entre deux enfants nés dans les mêmes conditions de force; on ne pourrait pas dire à la naissance, s'il n'y avait pas la différence des vêtements qui les couvrent : celui-ci est né de parents pauvres, celui-là de parents riches. La pratique de la vie change seule les conditions de l'existence.

Heureux du monde, vous devriez avoir une grande bienveillance pour les malheureux, car vous ne devez qu'au hasard votre apparente supériorité.

Il n'y a pas de classe supérieure à la naissance; vous n'avez ni vices, ni vertus, ni mérites, ni démérites; mais les circonstances de la vie, l'éducation, les imperfections sociales, certaines dispositions naturelles, heureuses ou fatalès, bien ou mal développées, font les différences dont le plus grand nombre souffre.

Il y aurait avantage pour tous à diminuer ces causes de misère. — Lorsqu'on songe aux avantages qui en résulteraient pour l'humanité tout entière, on est tristement surpris de ne pas voir nos gouvernants de la classe dirigeante plus occupés des réformes pouvant augmenter le bien-être et la valeur personnelle de tous les citoyens formant la nation.

II.

Le mal de misère! Nous aurions dû le guérir depuis 1789, en établissant l'égalité des droits et des devoirs, l'égalité de l'impôt du sang, l'égalité au droit de vivre sans privation, en échange d'un travail utile à la société.

Ce droit de vivre convenablement, nous ne l'avons pas, et nous avons beaucoup à faire pour nous l'assurer.

Un grand nombre de médecins et d'économistes ont écrit sur ce sujet; ils ont démontré par des chiffres l'étendue du mal; mais leurs travaux n'ont pas produit les améliorationn qu'ils ont réclamées.

« Le riche, c'est-à-dire celui qui vit dans l'aisance, sans privation à toutes les époques de la vie, mais surtout dans l'enfance et dans la vieillesse, ne meurt pas autant que le pauvre.

« L'aisance, pour les arrondissements de Paris, est la principale cause de la grande différence de mortalité que l'on constate entre eux. (VILLERMÉ). »

Villermé constatait, en 1830, qu'il mourait un habitant sur cinquante dans les quartiers riches, et un sur vingt-cinq dans les quartiers pauvres. Il répète dans un mémoire, en 1854, que l'aisance est la plus importante des conditions hygiéniques.

Beaucoup de médecins étrangers concluent comme lui. En Suisse, en Belgique, en Angleterre, en Allemagne, etc., la misère abrége la vie, la richesse la prolonge.

Cette vérité, qui est toujours vraie en règle générale, a cependant des résultats plus ou moins déplorables. — Entre trente et quarante ans, les cas de mort sont au minimum de différence, entre l'homme qui n'a pas le nécessaire et celui qui ne manque de rien. Cependant, la différence est encore d'un quart, quoique le prolétaire qui arrive à la trentaine doit avoir une constitution robuste pour avoir échappé au mal de misère durant sa jeunesse.— Entre quarante et cinquante ans, la différence est d'un tiers; de moitié entre cinquante et soixante.

*
* *

Par ce mot misère, on comprend mauvaise nourriture, vêtements insuffisants, logements insalubres, et la question de salaire qui domine tout cela, comme dit le docteur Napias.

La profession détermine aussi beaucoup de maladies; mais la misère morale, l'ignorance et le vice augmentent encore le nombre des victimes. On a constaté, par la statistique, que, dans les départements où l'instruction est le plus répandue, la vie moyenne s'élève sensiblement.

La misère, dans les épidémies, est une cause aggravante du mal : les plus pauvres sont les premiers et les plus cruellement atteints : ce qui n'est pas difficile à comprendre. « On conçoit qu'il doit en être ainsi, dit le docteur Napias; la maladie trouve en effet un terrain tout préparé par l'anémie de la misère; le groupement dans certains quartiers malsains; l'entassement dans des logements sans air et sans lumière : ces circonstances, après avoir favorisé le développement du mal, favorisent encore son extension épidémique. »

Nous avons le typhus de la faim chez les pauvres, le typhus des camps, qui frappe les soldats exténués, qu'une administration imprévoyante a souvent laissés dans le dénûment.

En 1865, le choléra, à la Guadeloupe, fit périr un dixième de la population. On voulut expliquer la mortalité par raison de race : c'était simplement parce que les nègres sont les pauvres dans cette île; ils mouraient du mal de misère.

Parmi les prolétaires, il est une autre cause de mort résultant de la misère : c'est le suicide. « Pour beaucoup de malheureux, la mort est le dernier remède contre le désespoir. »

O vous, qui avez accepté l'honneur de diriger la République, ferez-vous plus et mieux que les monarques pour faciliter l'émancipation et accroître le bonheur de tous les Français! Nous le souhaitons; mais, dans tous les cas, ce que nous avons de mieux à faire, c'est de nous entendre, citoyens prolétaires, pour organiser le travail et faire cesser le mal de misère.

III

Nous suivons le docteur Napias pas à pas; c'est un résumé de son petit livre que nous vous donnons dans ce cahier, chers lecteurs.

Notre docteur, en s'appuyant sur Villermé et autres statisticiens, nous fait remarquer que les naissances nombreuses suivent les années abondantes, et qu'après une année malheureuse les conceptions diminuent.

La mauvaise récolte de 1846 donna une diminution

de naissances en 1847 ; dans les premières années de la Révolution, au contraire : 1790, 91, 92, 93, les naissances augmentèrent sur tous les points de la France, par suite du bonheur que les Français ressentirent d'être délivrés d'un régime tyrannique.

La population diminue chaque année parmi les nègres esclaves ; lorsqu'ils sont émancipés, la population s'accroît rapidement.

Non-seulement le haut prix des denrées fait diminuer les naissances, mais encore dans les années défavorables aux travailleurs, il y a un bien plus grand nombre de décès. Avant l'introduction de la pomme de terre, les disettes étaient nombreuses et plus terribles ; les résultats que nous indiquons très-sensibles.

Même avant de naître, l'enfant du pauvre ouvrier peut être atteint du mal de misère ; il souffre du travail excessif de sa mère, de la mauvaise nourriture dont elle fait usage, et des influences morbides du métier exercé par son père ou par sa mère ; ce qui fait que souvent l'enfant ne vient pas à terme ou meurt en naissant.

*
* *

L'enfant de la misère, de la rue Mouffetard sera, malgré la tendresse de sa mère pour lui, peu soigné dès sa naissance. Sa mère doit le quitter pour aller au travail ; il sera confié à la voisine ou conduit à la crèche, plus tard à l'asile et élevé au biberon.

« Mal nourri, mal vêtu, mal logé, dans une chambre sans air ; malpropre faute de linge et faute de temps, l'enfant du pauvre végétera, chétif et pâle, comme une plante étiolée, et n'offrira qu'une trop faible résistance aux maladies qui viendront, coup sur coup, l'assaillir. »

Le docteur Napias fait l'énumération des principales maladies qui attaquent les enfants et qui sont redoutables surtout pour les pauvres : le muguet, la dyssenterie, une sorte de gangrène de la bouche et du palais, le croup, etc.

Il fait remarquer que le défaut de soins hygiéniques augmente les maux et que les maladies que l'on peut guérir radicalement chez le riche, changent de nature et passent à l'état chronique pour l'enfant du pauvre.

Les plaies, la scrofule, la phtisie, la fièvre typhoïde, qui emportent les jeunes gens, ont souvent pour causes le défaut de soins de leur première enfance.

Pour guérir la constitution lymphatique de ces jeunes garçons et de ces jeunes filles au teint pâle et terreux : « l'air de la campagne, des bains de mer, des vins généreux, des viandes noires saignantes, le comfort dans le logement, le vêtement et la nourriture : ces prescriptions sont, dans le cas qui nous occupent, une cruelle ironie. »

*
* *

La première année de l'existence est redoutable, même pour l'enfant riche du faubourg Saint-Honoré; c'est pendant cette première année que la mort en prend le plus; mais trois fois moins que de pauvres. — Dans les dix premières années de la vie, il meurt moitié moins d'enfants chez les gens aisés que chez ceux qui manquent de tout.

L'allaitement maternel est une des conditions nécessaires de la vie de l'enfant : la femme pauvre a de mauvais lait, parce qu'elle a une mauvaise nourriture ; le travail l'appelle : elle y renonce. La femme dans une position aisée y renonce aussi pour d'autres motifs; mais comme elle paie grassement une nourrice et qu'elle peut faire observer tous les soins que commande l'hygiène, le mal physique est beaucoup moindre.

L'adolescence du riche n'éprouve aucune difficulté: des études et des jeux pour fortifier son intelligence et son corps ; s'il travaille un peu, s'ouvre pour lui la route des honneurs; s'il est trop inférieur, sa richesse le fera encore valoir.

Le pauvre, lui, n'a pas toujours l'école primaire ; mais lorsqu'il la fréquente, on lui donne une instruction telle, que l'ignorance absolue vaudrait peut-être mieux; car l'éducation cléricale qu'on donne dans beaucoup d'écoles énerve le corps et la raison de ceux qui la reçoivent.

L'atelier l'appelle de bonne heure; il n'a pas toujours la force de résister aux vices que la misère engendre; il est soldat ensuite, et se marie quand il est libéré.

Cet acte important, qui devrait être pour tous les hommes le complément du bonheur, le commencement de la vie du citoyen parfait, est, trop souvent, le complément de la misère.

Et vous dites, — vous à qui rien manque... que le cœur, — vous dites qu'il n'y a rien à faire; que le mal est fatal; qu'il y aura toujours des pauvres. — Nous disons, nous, que vous mentez par égoïsme; vous savez que le mal peut être guéri.

IV.

Les deux types sociaux que nous avons suivis jusqu'ici dans la vie sont devenus des hommes; ils sont mariés. Mais, pendant que l'un, non content de sa position favorable, intrigue pour augmenter sa fortune ou pour obtenir un bel emploi administratif, notre prolétaire de la rue Mouffetard, qui a pu, grâce à sa constitution exceptionnelle, échapper à une mort prématurée, ne peut plus avoir un moment de relâche, car il doit travailler pour plusieurs maintenant : il a une femme et des enfants.

Aussi, malgré la force de son tempérament, la misère a déja tracé sur son visage les rides d'une vieillesse anticipée. Le travail excessif, dans un âge trop tendre, a arrêté sa croissance. Cet homme est plus petit, sa peau plus rude; son corps a moins de grâce que notre type aristocratique du faubourg Saint-Honoré.

L'un est surtout occupé à augmenter son bien-être, l'autre à diminuer sa misère. Le riche n'a pas à redouter le lendemain ; le pauvre a continuellement à craindre le chômage ou la maladie, qui sont comme des arrêts de mort suspendus sur sa tête.

Les maladies graves sont une conséquence naturelle du travail mal constitué de notre état social, comme nous allons le voir.

*
* *

Les ouvriers qui travaillent debout ont souvent des varices, qui peuvent se changer en plaies très-difficiles à guérir.

La position courbe, et la nécessité, pour beaucoup de travailleurs, de prendre la poitrine pour point d'appui occasionnent des hémorragies pulmonaires, des maux d'estomac, des cancers du pylore, etc.

Les poussières que l'on respire dans certaines professions occasionnent des maladies intérieures et déterminent des furoncles, des pustules et autres maladies de la peau.

Les matières qui contiennent de l'arsenic sont très-dangereuses pour ceux qui les travaillent ; car, par les pores, les molécules arsenicales sont entraînées dans les poumons, dans l'estomac, et produisent des maladies nerveuses et des gastrites incurables.

L'arsenic, qui se trouve dans les minerais, donne aux ouvriers la fièvre que l'on appelle courbature des fondeurs.— Les plombiers sont sujets aux coliques sèches et aux paralysies.

Ceux qui travaillent le mercure sont atteints d'ulcères de la bouche, de tremblements nerveux et même de folie. — Les ouvriers qui emploient le caoutchouc sont sujets à une sorte de délire passager.

Les débardeurs sont très-souvent atteints d'une maladie des pieds, appelée grenouille.

Les travailleurs qui manipulent le bicarbonate de potasse ont souvent des rhumes de cerveau et peuvent perdre la cloison du nez ; ceux qui emploient le phosphore attrapent des bronchites et peuvent avoir les os de la face attaqués; le travail du souffre produit aussi des bronchites et les vapeurs sulfureuses rendent les yeux chassieux.

Les ouvriers qui travaillent dans les lieux humides, les égoutiers, les vidangeurs, etc. ont souvent la vue attaquée.

Les forgerons, éblouis par la lumière du fer fondant, sont souvent atteints d'ophthalmie et de la cataracte.

Sur 2,500 aiguiseurs et polisseurs d'acier, on a constaté, à Sheffield, en Angleterre, que 35 seulement atteignent 50 ans (1 sur 71), et la moitié ne dépassent pas 36 ans.

La statistique établit encore que, par toutes les raisons que nous avons indiquées, les poitrinaires sont six fois plus nombreux parmi les pauvres que parmi les riches.

Neuf phtisiques pour mille parmi les riches : cinquante-quatre phtisiques pour mille parmi les pauvres.

Et l'énumération que nous venons de faire est bien incomplète; il faudrait un gros livre pour détailler toutes les maladies produites par la mauvaise organisation du travail.

*
* *

Nous nous permettons de copier une page toute entière dans le livre du docteur Napias, parce que la résumer serait trop l'affaiblir :

« Pour compenser tant de peines subies, tant de dangers courus, où sont les plaisirs du pauvre ? Où sont ses joies ?

« Les plaisirs purs de la famille, la joie calme du foyer, sont seuls à sa portée et sont d'ailleurs ceux qui conviennent le mieux à sa nature honnête et simple; aussi se hâte-t-il d'en profiter en se mariant de bonne heure.

« Ce sont, il faut bien le dire haut, de bons et touchants ménages d'ouvriers; un amour désintéressé a présidé à ces intimes et saintes unions, et chaque circonstance de la vie en commun contribue à les resserrer davantage. La naissance des enfants, les misères et les chagrins subis ensemble, le travail partagé en vue de la vie commune sont autant de nouveaux liens pour les époux et l'on peut dire que nulle part plus que dans la classe ouvrière, on ne voit les femmes s'incarner dans les pensées, dans les aspirations, et, disons le mot, dans les opinions de leurs maris.

« Dans les classes les plus fortunées, pendant que l'homme met tout son zèle au service d'un parti ou d'une faction, ou même successivement de plusieurs partis ou de plusieurs factions, la femme reste tout à fait étrangère à ces convictions diverses ou successives ; ses pensées ne sortent guère d'un cercle restreint où gravitent un certain nombre de conventions aristocratiques et de préjugés élégants.

« La femme de l'ouvrier, elle, écoute tout en faisant quelque travail de couture, les discussions des hommes qui viennent parfois le soir causer avec son mari dans la mansarde ; elle s'y intéresse, ressent aussi vivement et peut-être plus vivement qu'eux les injustices sociales que ces discussions révèlent, comprend les réformes qu'elles imposent et dont la formule se dégage chaque jour plus nette et plus claire de la pensée du peuple.

« Cette union du cœur et de l'esprit dans le ménage du prolétaire est pourtant incessamment battue en brèche par la misère ! Quand le salaire est insuffisant ou que le travail manque, le caractère s'aigrit, devient inégal, et tous n'ont pas, il faut l'avouer, le courage nécessaire et la force morale suffisante pour résister à l'action corrosive et dissolvante de la pauvreté.

« C'est alors, chez quelques malheureux, et chez ceux-là surtout dont l'instruction est le moins développée, que s'introduisent la débauche et le vice. »

* * *

Nous allons, avec regret, abréger notre résumé du petit livre dont nous conseillons la lecture. Le docteur

Napias connaît les ouvriers, il les a étudiés en ami et il les apprécie à leur juste valeur.

Après avoir si bien et si justement parlé des ménages d'ouvriers, il fait le tableau du vice, ; mais, toujours juste dans ses appréciations, il démontre, très-exactement, que les vices ont leur source dans les imperfections sociales.

Il montre la misère amenant dans la famille le désordre et la guerre ; comment la mère perd patience et s'aigrit, comment le mari prend la route du cabaret, pour s'étourdir d'abord, et par habitude ensuite ; comment le fils, dans ce désordre, préfère la vie de vagabondage à la vie de l'atelier, et comment la fille se jette au bras du premier venu, croyant ainsi échapper au dénuement.

Il dit, avec Quetelet : « Que la société prépare le crime et que le coupable n'est que l'instrument qui l'exécute ; » il démontre que l'ivrognerie, la prostitution et le crime augmentent avec l'ignorance et la misère, diminuent avec la moralité et le bien-être.

Il cite ces paroles vraies de Cadet Gassicourt : « La moralité des artisans, est ordinairement en raison de l'instruction que chaque état suppose, du bénéfice qu'il donne et de la salubrité de la manipulation, » autrement : Instruction, salaire, hygiène professionnelle pour detruire le mal.

Il nous dit enfin une triste vérité : C'est que trop souvent la misère et la faim ont fait prendre à l'ouvrier l'arme du désespoir pour aller se faire tuer dans la guerre civile.

O vous ! qui êtes nés au faubourg Saint-Honoré ! c'est-à-dire qui n'avez pas connu la misère, lorsque vous jugerez votre frère de la rue Mouffetard, celui qui a souffert de la faim et des imperfections sociales, soyez humains, soyez justes et n'augmentez pas, par votre rigueur, la haine du pauvre contre le puissant inflexible ; rappelons-nous que nous sommes tous enfants de la même patrie, de la grande famille française ; diminuons le mal et faisons le disparaître, s'il est possible, en élevant la dignité et le bien-être de tous les citoyens.

V.

Le docteur Bertillon, de l'académie de médecine, écrivait en 1867 : « Cent trente mille succombent chaque année à des maladies qui s'appellent barbarie, misère, ignorance. »

26,000 vieillards succombent physiologiquement trop tôt ;
60,000 âgés de moins de quinze ans auraient pu être conservés ;
44,000 adultes dont la mort pouvait être évitée.

130,000 au total.

Ces chiffres prouvent que le mal est encore effrayant; mais si nous considérons que la vie moyenne, qui était en 89 de 28 ans, est maintenaet de 38 ans (1).

Si nous considérons que la terre produit aujourd'hui 3 fois plus qu'avant la révolution, nous aurons la foi et l'espérance dans un avenir meilleur.

Les progrès réalisés sont sensibles et très-certainement importants ; ils sont bien peu de chose si nous considérons ce qui nous reste à faire.

Il ne faut donc pas se borner à signaler le mal dans des discours ou dans des écrits, il faut que les réformateurs se mettent à l'œuvre pour le guérir, et que ceux qui souffrent poussent à la roue, sans trop compter sur ceux qui ont le nécessaire, car on pourrait longtemps attendre si l'on s'en rapportait à ceux qui n'ont pas à craindre la misère.

Ne nous passionnons pas trop, pour la politique qui fait changer le personnel des administra-

(1) Si nous faisons deux catégories, nous aurons 50 ans pour la vie moyennne du riche. et 33 ans seulement, pour la vie moyenne du pauvre.

tions, en maintenant toujours à peu près les mêmes abus.

Ce qu'il nous faut, à nous travailleurs, c'est une part assez large dans la représentation nationale pour que notre voix soit directement entendue, pour que nous puissions réclamer la liberté de réunions d'associations, de coalitions, afin d'organiser le travail et en augmenter le produit.

Il faut que nous ayons part au gouvernement, pour réclamer contre les impôts de consommation, pour ne pas laisser voter, contre nous, les taxes qui doublent le prix du vin, qui augmentent le prix de la viande et tous les objets nécessaires à l'existence du pauvre.

Il faut enfin que nous réclamions contre tous les abus qui nous frappent, qui nous affaiblissent, au moral comme au physique ; que nous réclamions l'éducation populaire, l'éducation civique qui mettra tous les citoyens français sur la même ligne, de manière à faire sortir des rangs, pour les fonctions publiques, les plus capables et les plus dignes.

*
* *

La science a fait des découvertes qui sont très-favorables à l'industrie ; elle en fera d'autres non moins précieuses et qui devront profiter aux ouvriers ; mais dans l'état actuel de la société, le progrès ne profite qu'à quelques-uns, à ceux qui sont déjà riches et aux intrigants. Souvent même la machine, faite en vue de favoriser le travailleur, est au contraire une aggravation de malaise pour l'ouvrier, exploité par le capital et la concurrence.

A quoi servirait le perfectionnement de l'agriculture, de la médecine, de la physique, de la chimie, de la mécanique, etc., si le chômage, l'insuffisance de salaire, l'accroissement du prix des denrées, la maladie, l'ignorance et le vice (conséquences de tous ces maux) augmentent le mal de misère ?

Il faut donc, travailleurs, nous mettre résolûment

à l'œure sans attendre du temps, sans attendre de la bonne volonté des hommes qui nous gouvernent, la justice qui nous est due.

Nous sommes le nombre, nous sommes le droit, nous souffrons injustement; armons nous de force et de sagesse, faisons l'ordre dans le désordre, réglons nos rapports avec la société d'une manière équitable, donnons au commerce un travail sérieux et réglé et faisons en sorte d'être convenablement rétribués.

Nous avons droit à l'instruction et à une bonne administration ; par le suffrage universel, nous pouvons obtenir satisfaction.

Quant au produit du travail, aux institutions de prévoyance, aux rapports entre producteurs et consommateurs : qu'on nous donne la liberté; il nous appartient de régler nous-mêmes ces points; nous seuls sommes capables de le faire convenablement.

Ah oui ! certainement, une bonne administration républicaine, une bonne éducation nationale, la liberté de penser, de se réunir, de s'associer guériraient tous nos maux; chasseraient le vice et la misère; établiraient, parmi nous, le bien-être et la concorde. Il dépend de nous qu'il en soit ainsi, citoyens travailleurs, il suffit simplement de marcher d'accord.

*
* *

Voyez donc ce que serait l'avenir, si nous savons le préparer, si nous travaillons ensemble à guérir le mal qui nous ronge.

Les progrès scientifiques, les inventions mécaniques, l'hygiène bien compris et bien appliqué, diminueront les difficultés et les dangers du travail.

Nous aurons plus de temps pour reposer notre corps et pour occuper notre esprit; l'instruction et l'éducation augmenteront en nous les facultés intellectuelles, développeront nos bons instincts moraux, notre dignité personnelle.

La vie de famille ne sera plus troublée par la misère ; les vertus domestiques, les joies intimes du foyer auront alors un charme qui reposera le travailleur et lui fera aimer l'existence.

Les rapports sociaux se ressentiront de cette douce existence intime, et chaque citoyen voudra coopérer à l'harmonie général des intérêts de la République, par l'accomplissement de ses droits et de ses devoirs civiques.

Le bien est contagieux comme le mal ; lorsqu'une masse imposante de travailleurs pourront, par leur énergie et par leurs vertus, donner l'élan, montrer le chemin par lequel on peut sortir du besoin et de la dépendance, beaucoup les suivront, le bien se produira, le vice diminuera

Les bons citoyens, les citoyens complets qui s'occuperont sérieusement des affaires publiques autant que de leursaffaires privées, seront en grande majorité.

Les mauvais citoyens (car il en restera toujours, il ne faut se faire illusion), les hommes vicieux, égoïstes ou sans énergie, seront en petit nombre.

Alors la femme aura, dans la société, le rôle important qu'elle mérite ; elle contribuera puissamment à notre amélioration ; les enfants qu'elle formera à la vie publique lui feront honneur ; le présent sera consolant et l'avenir splendide. L'instruction et la liberté feront disparaître le *mal de misère.*

EUGÈNE CHEVALLIER,
Secrétaire du Cercle des Travailleurs, *en formation,*
11 *rue du Jour, à Paris.*

Sancerre. — Imprimerie de A. AUPETIT.

Nous admettons dans notre livre le Rapport des délégués du Cercle des Travailleurs de Paris, en formation, à titre de document important à consulter.

RAPPORT

DES DÉLÉGUÉS DU CERCLE DES TRAVAILLEURS

AU CONGRÈS OUVRIER DE 1876

CITOYENS,

Vous nous avez fait l'honneur, au citoyen Genty et à moi, de nous déléguer au Congrès ouvrier. Nous avons suivi ses travaux avec exactitude. Nous n'entrerons pas, citoyens, dans les considérants ni dans l'exposé des motifs, pas plus que nous ne reproduirons les discours et les rapports. Tous vous les avez lus au jour le jour dans les journaux. Nous nous contenterons d'analyser rapidement les conclusions et les résolutions adoptées par le Congrès.

Nous aurions voulu, citoyens, que vous assistassiez vous-mêmes à ces grandes assises du travail, où ont été traduits les abus, les préjugés, les besoins, les misères, enfin tous les maux, et où ont été cherchés et trouvés, nous l'espérons, les remèdes.

Ah certes ! les esprits réactionnaires, mais sérieux, qui ont

assisté à ces séances doivent comprendre que l'avénement du prolétariat est enfin arrivé ; et se serrer les coudes pour lui faire place serait de leur part infiniment plus pratique, que de lui mettre des bâtons dans les roues. En effet, le prolétariat a quitté définitivement l'époque nébuleuse du rêve pour entrer dans la pratique. Dans tous les discours prononcés au Congrès, dans cette multitude d'idées qui bouillonnaient dans les cerveaux et venaient se faire jour à cette tribune populaire, plus de théories creuses, plus de doctrines plus ou moins idéales et hypothétiques ; et surtout, — chose sublime en ces temps égoïstes et corrompus, — point de sophismes trivials, point de scepticisme : des faits graves et douloureux et des moyens pour atténuer ou détruire ces faits. Seule, la note discordante du positivisme est venue, un instant, troubler l'harmonie de cette grande et généreuse assemblée.

Nous croyons que de cette session des premiers états-généraux du peuple va naître une nouvelle aurore, un besoin d'union et de solidarité, une plus grande volonté et aussi une plus grande confiance dans le but que nous poursuivons tous : notre affranchissement et l'amélioration de notre sort.

Citoyens,

Le Congrès, dans ses travaux, a donné la priorité à la question du travail des femmes. Cette question est certes l'une des plus importantes par rapport au rôle que la femme doit avoir dans la famille et dans la société, et en raison aussi de la situation plus que précaire que lui font dans l'état social actuel nos mœurs, nos préjugés et nos lois. Les résolutions du congrès tendent à l'assimilation de la femme à l'homme pour les droits comme pour les devoirs.

A cette question : « Doit-on supprimer le travail des femmes ? » la réponse a été négative et ne pouvait être autre. Mais, qu'on nous permette de le dire, la question n'a pas été posée sur son véritable terrain. Nous avons entendu, dans certains discours, déplorer le travail des femmes et émettre le vœu qu'à l'avenir la femme ne s'occupât plus que de son ménage.

Nous ne sommes pas entièrement de cet avis. Nous comprenons la pensée généreuse qui a amené des orateurs à cette conclusion. Le travail accablant, ingrat, hors de proportion auquel est soumise la classe ouvrière, lui fait considérer ce travail comme un ennemi, comme un tyran cruel à l'oppression duquel l'on voudrait soustraire la femme.

Oh ! nous savons combien il est pénible et douloureux de penser que la femme soit obligée de délaisser, dès l'aube, son foyer et d'abandonner ses jeunes enfants à des mains mercenaires ou à des asiles qui, malgré la pensée généreuse et la volonté de leurs fondateurs, ne peuvent remplacer la mère. Des soins minutieux, méthodiques et uniformes y sont donnés ; mais ces soins ne sauraient être appropriés, convenir à tous les tempéraments et avoir la même efficacité que ceux de la mère. Sans doute, que la mère devrait rester à travailler chez elle, auprès de ses enfants, au lieu d'aller s'enfermer pendant 12 et même 14 heures dans un atelier, et, pis encore, dans une usine ou une manufacture ; astreinte à un travail mécanique, dont l'uniformité des mouvements, contraire à la gymnastique hygiénique, détermine souvent des affections terribles, au milieu de miasmes délétères qui l'empoisonnent, lui ravissent sa santé, l'étiolent et détruisent ou appauvrissent ses organes.

C'est là que nos philanthropes savants et nos patriotiques législateurs devraient chercher les causes de l'amoindrissement de notre race et de la décroissance de la population; Ce sont à ces travaux inhumains, exécutés pour des salaires qui font la honte des patrons et la misère des ouvrières ; ce sont à ces travaux, qui font du rachitisme et de la phthisie une épidémie permanente, que ces docteurs devraient aller demander une statistique désolante et douloureuse ; mais l'on se garde bien de voir le mal où il est.

Il y a des commissions pour l'extinction du phylloxera ; à

quand celles qui s'occuperont de l'extinction du paupérisme? C'est là une larve bien autrement terrible que celle qui ronge la vigne ; mais l'égoïsme des classes dirigeantes est sa chrysalide, et il est naïf d'attendre qu'elles trouvent les moyens de la détruire. Travailleurs, pénétrez-vous bien de cette idée : que vous ne devez rien attendre que de vous-mêmes et par vous-mêmes.

Nous savons combien de graves conséquences sont le résultat de ce délaissement du ménage par l'épouse et la mère. Dès lors, plus de ces joies douces et intimes, de cette poésie consolante qui inspire le sentiment du devoir ; plus de famille. — L'homme, déçu dans ses rêves de jeunesse, voit s'écrouler, au seuil de son misérable taudis, toutes les espérances qu'il avait conçues de son union et de la vie de famille ; à moitié abruti par un labeur incessant, ressentant les faits sans en comprendre ni en rechercher les causes. Il va, pour se soustraire aux criailleries de la mère, aux pleurs des enfants, au spectacle navrant qu'offre son intérieur, — il va, dis-je, finir de s'abrutir au cabaret ; et ceci fait votre joie, ô hypocrite bourgeoisie, car, vous le savez bien, tant que l'ouvrier ne sera qu'une brute qui ne raisonne pas, ce sera pour vous une bête de somme que vous exploiterez. — La mère, accablée, désespérée, perd peu à peu les sentiments de la femme ; malade, aigrie, elle donne en brutalités ce qu'elle devrait donner en caresses à ses pauvres petits, en attendant que l'usine les prenne à leur tour, car ce n'est pas assez pour cet ogre du père et de la mère ; il lui faut encore les enfants : toute la famille y passe. Il dévore ainsi des générations : c'est avec cela que l'on fait des millions pour l'exploiteur...

Oh certes ! nous aspirons de toutes nos forces à la suppression du travail des femmes dans les usines et les manufactures. Mais ce n'est pas de ce travail que nous voulons parler : c'est du travail proportionné à la force et à l'aptitude de l'individu.

Nous voulons, avec les penseurs généreux dont nous parlons, — et c'est notre espoir, — que la mère de famille n'ait pas besoin, pour vivre, d'avoir recours à d'autres occupations que celles de son ménage et que l'éducation première à donner à ses enfants.

Mais toutes les femmes ne sont pas mariées et n'ont pas de famille ; fussent-elles mariées, que nous n'en n'insisterions pas moins pour que l'on ne fasse pas de la suppression du travail de la femme une *loi*. En effet, sans compter toutes les raisons d'économie sociale et industrielle qui s'y opposent, en vertu de ce principe, que ***tout être doit pourvoir à sa subsistance***, la femme ne saurait se soustraire d'une façon absolue à cette loi commune et naturelle : le travail. Le droit au travail existe pour l'homme comme pour la femme ; et nous ne comprendrions pas que par humanité on le supprimât pour elle : ce serait une erreur dont elle serait la première victime ; car, non-seulement on la condamnerait à une oisiveté stérile dans laquelle elle perdrait le sentiment de sa propre valeur ; mais encore, on lui ôterait la force morale nécessaire à sa liberté d'action.

Que l'on ne se méprenne pas ! Nous ne voulons pas faire du travail une nécessité pour la femme et le lui imposer ; nous voulons que, par le travail, la femme, mariée ou non, ait toujours un moyen de se soustraire à la tyrannie et à l'égoïsme de l'homme. C'est pourquoi nous pensons que, la reléguer dans un rôle purement maternel, ce serait l'amoindrir, lui ôter de sa dignité et de son indépendance, diminuer son libre arbitre, lui enlever toute liberté et en faire en quelque sorte la chose de l'homme, auquel elle ne pourrait se soustraire, puisqu'elle aurait besoin de lui pour vivre.

Il est en France une erreur admise en principe et que nous déplorons : c'est de considérer la femme comme un être inférieur à l'homme, n'ayant ni les mêmes facultés ni les mêmes besoins, et devant, par le mariage, s'annihiler au profit de l'homme.

Nous protestons contre cette façon de voir ; nous croyons que l'homme et la femme sont deux êtres complets, distincts ; ayant leur personnalité, leurs besoins particuliers, s'associant dans la vie pour satisfaire aux lois procréatrices ; mais devant garder, dans cette association, leur caractère distinctif et leur indépendance, sans laquelle il n'est pas de dignité. Nous croyons, en un mot, que la femme doit être la compagne de l'homme et non pas sa sujette.

Le Congrès a pensé ainsi et a adopté les résolutions suivantes : améliorer le travail des femmes, le mettre en rapport avec leurs forces, le rendre conforme à l'hygiène et à la morale ; supprimer le travail de nuit dans les manufactures et les usines ; diminuer des heures de travail ; élever le salaire, trop souvent dérisoire, que l'on accorde à la femme ; créer immédiatement des Chambres syndicales, établir des tarifs et empêcher l'avilissement du prix de main-d'œuvre ; enfin, le plus tôt possible, former des associations coopératives et donner à la femme une éducation saine et sérieuse qui fasse non plus des poupées, mais des mères capables de donner à l'humanité des citoyens forts, au moral comme au physique.

CHAMBRES SYNDICALES

Le Congrès, considérant la nécessité et l'efficacité des Chambres syndicales, a demandé l'abrogation de toutes les lois restrictives sur la liberté de réunions et d'associations, y compris le projet de loi Lokroy, déposé sur le bureau de la Chambre des députés ; la création de Chambres syndicales partout où besoin sera et où faire se pourra, les Chambres syndicales étant considérées comme un puissant moyen de groupement et l'un des leviers qui permettront d'arriver à la coopération.

CONSEILS DE PRUD'HOMMES

Deux opinions ont été émises sur cette question. Les conseils de prud'hommes, ainsi que vous le savez, citoyens, sont les seuls tribunaux électifs que nous possédions. Si défectueuse et si arbitraire que soit leur organisation, ils ne laissent pas néanmoins de rendre des services.

En conséquence, le Congrès a repoussé l'opinion qui demandait la suppression des conseils de prud'hommes et l'exercice de leurs fonctions par les Chambres syndicales. Il a adopté dans ses conclusions la seconde opinion : l'abolition des lois de 1806, 1809, 1848 et autres ; c'est-à-dire l'extension des conseils de prud'hommes et la création d'un de ces conseils au moins dans chaque canton ; l'établissement d'un code professionnel unique, afin que la justice rendue par les tribunaux soit partout la même. L'intervention directe de ces conseils pour tous les travailleurs sans exception.

L'élection des conseillers serait basée sur la liste électorale politique, et les frais judiciaires qui, trop souvent, empêchent le pauvre de recourir à la justice, seraient supprimés ; le nombre des conseillers augmentés et les chambres syndicales contrôleraient la compétence des conseillers.

Avec ces modifications apportées à ces tribunaux arbitrals, nous espérons, citoyens, que la justice y sera rendue équitablement et que l'élément patron qui, jusqu'ici, fait pencher tant soit peu la balance, se trouvera réduit à son juste poids.

L'ENSEIGNEMENT

Ce grave sujet a été bien traité par les divers orateurs qui s'en sont occupés au Congrès. Nous ne vous parlerons pas, citoyens, des principes généraux que comporte cette question : tous, nous connaissons le programme républicain sur cet objet.

Mais il est certains points sur lesquels le Congrès a apporté toute son attention, notamment l'enseignement professionnel encyclopédique, simultané avec l'enseignement primaire. Il serait créé dans chaque école un atelier où l'enfant pourrait, par l'observation et la pratique, chercher et adopter la profession rentrant dans ses goûts et ses aptitudes ; il acquerrait ainsi des connaissances technologiques qui faciliteraient le développement de ses facultés.

Là est, citoyens, l'un des points les plus importants du développement normal, intellectuel et physique des générations nouvelles qui trouveront, dans l'application de ce système, les plus sérieuses garanties d'ordre et de bien-être, et aussi la disparition progressive de ces présomptueuses nullités à qui il suffit de naître dans un certain milieu pour être proclamées génies.

REPRÉSENTATION DIRECTE

Citoyens, à notre avis, cette question n'a pas été traitée ni développée avec toute l'importance que nous aurions désirée.

Nous regardons cette question comme primordiale, comme la pierre angulaire de la rénovation sociale que nous attendons. Et en effet, sans une représentation effective du prolétariat au Parlement, nous n'obtiendrons que des lois qui, toutes démocratiques qu'elles pourront paraître à leurs auteurs, ne seront pas telles que nous les désirons. Donc, sans représentation vraie, pas de lois justes, pas de légalité ; et sans légalité, pas de réformes ou de créations sérieusement assises.

Dans un passage de son discours, le citoyen Chabert a dit ceci : « Si l'on ne veut pas que nous disions : candidatures ouvrières, eh bien ! nous ne le dirons pas ; mais nous prendrons nos candidats dans les ouvriers. »

Pourquoi cette concession et cette dissimulation ? Faudrait-il donc, pour qu'il soit accepté candidat, que l'ouvrier cachât son son titre et qu'il se passât la main à la meule pour en effacer les durillons ; qu'il se déguisât en bourgeois ?

Nous rejetons, quant à nous, cette façon de voir ; nous ne voulons pas qu'un ou plusieurs ouvriers soient acceptés par ces

Messieurs de la bourgeoisie en se glissant parmi eux. Nous voulons la candidature ouvrière établie en principe, sans restriction. Nous savons bien que M. Jules Simon réprouve la candidature ouvrière, mais nous n'avons pas à nous préoccuper de l'opinion de M. Simon : nous revendiquons nos droits, et nous n'avons pas besoin de masque; laissons cela aux autres (1).

C'est pourquoi, citoyens, nous aurions voulu que le Congrès en fit la question capitale de ses travaux et que les orateurs qui s'en sont occupés la traitassent avec plus d'ampleur et d'une façon plus positive. La représentation directe du prolétariat dans les Chambres législatives est une nécessité qui s'impose à tous les esprits sincèrement progressifs et démocratiques.

Quoi de plus juste et de plus naturel, en effet, que les diverses classes de la société (puisque classes il y a) aient des représentants directs sortis de leur sein et vivant de leur vie, connaissant leurs besoins, leurs vœux et leurs aspirations, pour prendre part à la confection de lois qui doivent s'appliquer à tous les citoyens.

La candidature ouvrière est la conséquence normale et naturelle du suffrage universel : à suffrage universel, représentation universelle : l'on ne conçoit pas l'un sans l'autre.

Ceci est sans doute une utopie pour les classes dirigeantes qui ne réfléchissent pas que les utopies d'hier sont les vérités de demain. C'est pourquoi l'exercice de ce droit rencontre de l'opposition de la part de ces messieurs, qui s'imaginent que la direction des affaires publiques est leur patrimoine ; ils le tiennent de leurs pères et le repassent à leurs fils, en sorte que l'hérédité gouvernementale existe malgré tout ; eux seuls possèdent la science

(1) Il viendra un temps où nous n'aurons plus besoin de faire de distinction de classe . ce sera quand il n'y aura plus de bourgeoisie. plus de privilèges d'aucune sorte.

politique et économique qui leur donne par droit de naissance les places et le pouvoir.

Mais, disent-elles, pourquoi voulez-vous entrer au Parlement? Votre rôle est ailleurs, ceci c'est le nôtre : en faisant nos affaires nous faisons les vôtres ; en défendant nos intérêts nous défendons les vôtres : il y a solidarité entre nous.

Nous sommes solidaires comme le brochet et le goujon le sont. — Non, il n'y a pas de solidarité entre la bourgeoisie et le prolétariat, c'est un leurre ; ils diffèrent d'intérêts, de principes et de but. La bourgeoisie est maîtresse et souveraine ; c'est elle qui constitue aujourd'hui la classe dirigeante. La bourgeoisie règne et gouverne ; le gouvernement, c'est elle ; l'armée, c'est-à-dire l'Etat-Major, c'est elle ; la magistrature. c'est elle ; la finance, c'est elle ; le commerce, c'est elle ; la Chambre des députés et le Sénat, c'est elle, toujours elle. Elle occupe l'étage supérieur de l'état social ; elle possède toutes les richesses, tous les priviléges, les immunités, les places, les sinécures ; c'est elle, en un mot, qui est partout, qui est tout.

Jusqu'ici les révolutions se sont faites à son profit, elle s'est servie du peuple comme d'un levier que l'on rejette après s'en être servi, que l'on brise au besoin s'il vous gène, et quand le peuple a voulu protester, vous savez ce qu'elle en a fait du peuple. Elle s'est appropriée l'héritage de nos pères de 89, et quand le prolétaire a réclamé sa part, c'est d'une main armée qu'elle lui a montré la porte.

Le peuple n'est pour elle qu'un outil auquel elle imprime le mouvement qui lui plaît ; c'est une machine vivante dont les gouttes de sueur se changent en pièces d'or dans ses sébiles. En cet état de choses y a-t-il et peut-il y avoir solidarité ? Non !

On a beaucoup parlé de l'alliance du prolétariat et de la bourgeoisie ; on a cherché l'union du capital et du travail ; certes, il y a des esprits sincères et des cœurs droits, comme il y a des fourbes et des hypocrites, pour prêcher cette union ; mais aujourd'hui l'erreur n'est plus possible, et si l'esprit humain a caressé une chimère, c'est celle de l'union du travail et du capital, du prolétariat et de la bourgeoisie.

Dans l'état actuel, cette alliance ne peut et ne doit pas être ; car, si elle était possible, ce serait une union immorale et stérile faite tout au profit de l'un et au détriment de l'autre. Croirons-nous de bonne foi que cette bourgeoisie égoïste et sensuelle, dont la doctrine se résume en deux mots : Posséder et jouir, voudra bénévolement diminuer la somme de ses jouissance pour lesquelles elle a fait tant de lâchetés ; qu'elle viendra vous dire, quand vous lui tendrez la main fraternellement : « C'est vrai, ce n'est pas « juste, c'est toi qui produis et c'est moi qui consomme, que dé« sormais les parts soient mieux faites, » ce serait nous abuser lourdement. Non, il n'y a pas d'alliance possible entre le prolétariat et la bourgeoisie tant que le travail sera à la merci du capital, tant qu'il y aura des exploiteurs et des exploités, tant que l'ouvrier ne sera qu'une bête de somme qui donne son intelligence et sa sueur pour un morceau de pain.

Oui, il viendra un temps où l'union du capital et du travail se fera nécessairement, logiquement par la force des choses, mais ce sera seulement quand la classe ouvrière aura cessé d'être une classe déshéritée ; quand elle aura sa part, sa grande part d'importance dans la nation ; quand elle sera propriétaire de son travail, et, qu'étant travail, elle sera capital et pourra se passer de ce parasite, le capitaliste ; alors, mais alors seulement, la bourgeoisie pourra venir à elle lui proposer l'aide de ses capitaux.

C'est pourquoi, citoyens, il faut que nous fassions nos affaires nous-mêmes, que nous ayons nos mandataires directs, et non plus des représentants qui ne sont que des agents d'affaires, désintéressés de la cause qu'ils ont à défendre, et qui, sous prétexte de servir nos intérêts, défendent les leurs.

L'avénement de la candidature ouvrière dans la représentation nationale est une des conditions nécessaires à la marche ascensionnelle du peuple.

N'est-il pas étrange, citoyens, qu'une chose aussi naturelle et aussi logique rencontre d'opposition ; n'est-il pas étrange que la partie la plus nombreuse et la plus utile de la population, ne soit représentée que par des gens qui ne connaissent qu'imparfaitement ses besoins et ses aspirations, et *ne peuvent vouloir, que jusqu'à un certain point*, son relèvement matériel et intellectuel ?

En effet, la prépondérance des classes dirigeantes diminuera d'autant plus que la prépondérance du prolétariat augmentera.

Le Congrès a adopté, dans ses résolutions, l'application du principe de la candidature ouvrière comme étant de toute justice.

Comme moyen d'y parvenir, il a demandé :

Le droit, pour tous les citoyens français, jouissant de leurs droits civils et politiques, d'être électeurs sans condition de domicile ; le retour au scrutin de liste ; la constitution, partout où faire se pourra, d'un jury d'examen électoral composé exclusivement d'ouvriers, et la création d'un journal socialiste rédigé par des travailleurs.

Vous voyez, citoyens, que ce programme est le nôtre, celui que nous appuyons et que nous travaillons à faire adopter par tous nos amis, les ouvriers.

La septième commission avait à se prononcer sur une question aussi grave que pénible. Vous savez, citoyens, combien il est douloureux pour l'ouvrier, dans la force de l'âge, de travailler sans jamais pouvoir s'assurer un lendemain, et d'arriver bien difficilement à mettre, comme l'on dit, les deux bouts ensemble. C'est dans cette lutte ingrate que la vie se passe, et c'est dans cet état de choses que les pâquerettes de cimetière remplacent les cheveux noirs.

Alors, dans tous les états, mais surtout dans les métiers qui avoisinent l'art, l'ouvrier en cheveux blancs est impunément repoussé, ce qui prouve assez que cette humaine bourgeoisie ne considère l'ouvrier que comme une bête de somme qu'elle repousse, sansaucun respect des services rendus. Ce qui fait qu'après avoir enrichi un capitaliste stupide, le travailleur, éclopé ou trop vieux, est réduit à la mendicité ou au suicide.

La septième commission avait à étudier et à adopter les moyens propres à remédier à cet état de choses déplorable.

Elle a commencé par repousser toute ingérence de l'Etat dans les mesures qui doivent être prises.

Pour arriver à la création des caisses de retraite et de secours, deux systèmes ont été proposés ; l'un, par l'impôt forcé sur l'ouvrier, l'autre, par contrat facultatif. L'un et l'autre ont des inconvénients et présentent des lacunes : L'impôt forcé a certainement du bon, en ceci, qu'il assurerait aux travailleurs à un

moment donné, une ressource certaine ; mais comment dire aux travailleurs et aux travailleuses dont la vie, en raison de leur peu de ressources, n'est qu'une lente agonie : en prélevant sur ce qui vous manque, assurez-vous des ressources pour l'avenir ; ceci semble une amère ironie.

Le moyen facultatif est sans doute beaucoup plus praticable, mais il n'en laissera pas moins voués à la misère tous ceux qui ne pourront pas y souscrire.

Il y a là une de ces questions poignantes qui sont le résultat de notre déplorable organisation, et qui se présente à la pensée comme un problème insoluble.

Ce problème, les démocrates de la trempe de Jules Favre le résolvent facilement : « Le paupérisme, disent-ils, est la résul- « tante de l'inégalité des conditions, laquelle inégalité est fatale « mais naturelle et nécessaire à l'harmonie de la société. »

Nous avons tout autre chose à faire que d'écouter ces sophismes écœurants d'égoïsme. La nature n'a créé ni riches ni pauvres ; elle a donné des besoins à l'homme et des ressources pour satisfaire à ces besoins ; l'inégalité, c'est-à-dire l'opulent qui crève d'indigestion, et le malheureux qui meure de faim n'est point chose naturelle ; c'est le résultat des disproportions de la répartition des richesses publiques entre le producteur et le consommateur.

Nous ne pouvons admettre comme inégalité naturelle que celle résultant de la différence de l'intelligence et de la force productive de l'homme, et qui doit avoir pour borne la somme de bien-être nécessaire à l'existence humaine.

Mais si nous ne pouvons prétendre éteindre le paupérisme dans son entier, quant à présent, il n'est pas moins nécessaire de prendre les mesures propres à le diminuer. Il est évident que lorsque la coopération productive sera un fait accompli, les caisses de retraites se feront d'elles-mêmes ; d'ici là, le Congrès a conféré aux chambres syndicales et aux autres groupes constitués le soin d'organiser ces diverses institutions.

Aussitôt que faire se pourra, ces institutions se relieront entre elles au moyen de délégations cantonales ou départementales. Le Congrès reconnaît la nécessité de faire participer tous les membres de la famille aux bienfaits de ces institutions.

Tels ont été, citoyens, les travaux du Congrès ouvrier. Nous considérons, quant à nous, cette réunion des délégués de la classe ouvrière, venant dans un lieu commun faire part au monde de leurs aspirations, comme un immense fait, comme l'affirmation solennelle de la solidarité des travailleurs, et aussi comme la première phase de l'avénement du prolétariat aux destinées meilleures qui lui sont dues.

ALPHONSE CHOIX,
Cordonnier,
16, *rue Bassano*.

Approuvé :

GENTY,
Tailleur,
113, *rue Mont-Cenis*.

Le rapport sur les Sociétés Coopératives n'est pas terminé, il sera imprimé prochainement.

Sancerre. — Imprimerie typographique de A. AUPETIT.

LES RÉFORMES NÉCESSAIRES

I

Le Congrès ouvrier de Paris, du mois d'octobre 1876, a mis à l'ordre du jour des questions importantes, qui doivent être résolues de la manière la plus large, et qu'il importe de poursuivre sans relâchement avec une grande activité.

Il convient d'examiner les moyens à employer, les réformes à opérer dans notre société actuelle, pour donner satisfaction aux besoins urgents que l'on a fait connaître, aux vices sociaux que l'on a signalés, aux misères respectables que nous rencontrons tous les jours plus nombreuses dans les familles des prolétaires.

Nous devons aussi nous occuper des misères moins intéressantes, qui sont le résultat des vices, de l'inconduite et de la débauche. La classe dirigeante est pour beaucoup dans cette dégradation humaine attristante pour les véritables amis de l'humanité ; mais c'est à nous qu'il appartient de réagir contre ces maux honteux.

Le vice ni la vertu ne sont des produits naturels : ce sont des résultats de l'éducation. Prenez l'enfant au berceau, protégez-le contre les mauvais exemples et contre la faim ; donnez-lui, vous qui avez le pouvoir, donnez à l'enfant tous les soins, toute l'instruction qui

sont nécessaires à tous, pour faire de toute une génération des hommes et des citoyens. Vous ferez disparaître le mal de misère.

Les prisons se videront quand vous aurez, pour améliorer l'humanité, autant de prévoyance que vous en mettez aujourd'hui à conserver vos intérêts égoïstes.

*
* *

Voyons, hommes d'ordre, conservateurs honnêtes et modérés, êtes-vous généreux et justes pour l'humanité souffrante ? Voulez-vous vraiment travailler à relever les classes dites inférieures ? Tenez-vous à ce que tous vos semblables aient de l'instruction et de la dignité dans le caractère ? A l'œuvre ! Montrez-vous.

Non, beaucoup d'entre vous voient avec dépit les aspirations réformistes des hommes de cœur et de conscience qui pensent et qui disent : « Tous les enfants ont droit à la même éducation primaire, en vertu de l'égalité civile et naturelle. » — Toutes les intelligences supérieures ont droit à une éducation supérieure, afin que tous les citoyens arrivent à la place que la justice et la raison doivent accorder aux plus dignes, aux plus intelligents, aux plus vertueux.

Beaucoup d'entre vous ne voient que leur bonheur égoïste, leurs passions sensuelles. Il leur faut des valets pour les servir, des femmes légères pour satisfaires leurs passions bestiales, de l'argent pour corrompre et asservir le troupeau humain.

Et pour mieux réussir et cacher votre infâme conduite, vous vous faites religieux ; vous avez sans cesse à la bouche les mots de charité, de vertu, de devoir. — Ces mots ont pour vous une singulière signification. — La charité, ce n'est pas l'amour qui élève celui qui donne et celui qui reçoit, c'est l'aumône qui abaisse et diminue les âmes. Le devoir, c'est la soumission à vos ordres, à vos commandements. La vertu, c'est trop souvent la superstition et l'ignorance honnête du peuple ; l'hypocrisie vicieuse du riche.

*
* *

Ce n'est pas ainsi que nous entendons l'ordre moral. Pour nous, l'*ordre moral* c'est la *justice vraie.*

Il n'y a pas dans l'humanité de classes supérieures et de classes inférieures ; il y a des différences naturelles dans les forces physiques et dans les facultés intellectuelles ; il y a aussi des aptitudes et des qualités personnelles qui doivent être prises en sérieuse considération, dans la répartition des rôles qu'une société bien réglée doit assigner à ses membres, et surtout à ceux qui doivent concourir à l'administration de la chose publique.

Si on le voulait bien, il serait moins difficile qu'on ne le croit, de faire promptement une société perfectionnée. Le principal obstacle, le grand ennemi de la perfection, c'est l'intérêt matériel, et le peu de générosité de la classe dirigeante ; c'est aussi la sottise de la masse ignorante, qui se soumet à toutes les injustices sans trop murmurer, tant qu'il y a un morceau de pain dans la huche.

Ce n'est pas que nous conseillions la révolte brutale ; bien au contraire. Nous l'avons assez souvent répété : nous croyons les coups de force nuisibles au peuple ; mais ce que nous demandons, ce que nous désirons ardemment, pour la délivrance des opprimés, c'est l'instruction, c'est la dignité, c'est le courage civique qui peuvent donner à tous les hommes la force de résister à l'oppression, à l'injustice, et qui, au nom de la loi, lui permet de réclamer son droit, de demander résolûment jusqu'à ce qu'il l'obtienne, la justice qui lui est due.

II

Pour devenir meilleurs et plus dignes, il nous faut la liberté de la conscience.

Le principe de toutes nos misères est l'esclavage de l'esprit, par la crainte et par l'ignorance.

Développons le courage civique, débarrassons l'âme humaine des cauchemars et des ténèbres qui l'énervent, et nous aurons des citoyens généreux, qu'on ne pourra plus tromper.

La force sera avec le droit et la justice pour tous, et non pour quelques-uns : l'union se fera par la liberté. Lorsqu'il n'y aura plus de priviléges, la très-grande majorité de la population de nos villes et de nos campagnes sera animée des sentiments fraternels, qui feront régner la concorde, par la tolérance et la conciliation.

Qui nous met continuellement en guerre les uns contre les autres ? C'est la division résultant des principes faux dont on nous nourrit dès le berceau. A force d'entendre des afirmations absurdes, on finit par s'y accoutumer, et, lorsque le bon sens vient nous éclairer, lorsque des lueurs de raison illuminent notre esprit, et nous crie : « La doctrine qu'on nous prêche est contraire à la vérité, au sens commun et à toute justice », notre timidité, notre paresse, notre pusillanimité, nous fait dire intérieurement : « C'est reçu par tous, c'est passé dans nos habitudes, nous ne pouvons pas protester contre ce que tout le monde accepte ou subit ; nous serions signalé et cela nous ferait tort ; les hommes puissants nous montreraient du doigt et nous serions classé parmi les hommes immoraux et dangereux. »

* * *

Où nous mène cette manière de raisonner, ou plutôt de déraisonner ? Nos ennemis, ceux qui exploitent notre lâcheté, savent parfaitement le danger qui menace leurs priviléges ; ils savent que l'ignorance et la superstition d'une part, la misère et le vice de l'autre, sont les meilleurs moyens de nous tenir sous leur dépendance.

Aussi voyez avec quelle adresse ils nous entourent d'ignorantins et de miracles ; quant à notre misère, ils nous la soignent, et, lorsqu'ils le peuvent, ils nous passent leur morale immorale, et leurs vices.

Ce beau et savant système, de diminuer la valeur

des hommes et des femmes pour spéculer sur la décrépitude de l'esprit humain, a fleuri surtout sous le règne que nous avons subi durant vingt ans, sous le règne de Napoléon III, empereur des Français.

Ah ! mes amis, lavons cette souillure, cette honte... Secouons cette torpeur qui pourrait être mortelle. Vous, jeunes gens, à qui on a ouvert toutes grandes les portes de la perversité, du vice facile, pour faire de vous des *petits-crevés* peu embarrassants, pensez mûrement au côté sérieux de l'existence. Jeunes filles et jeunes garçons, laissez là les romans immoraux, pour vous instruire des droits et des devoirs que vous impose le titre de citoyens et de citoyennes de la République Française.

Préparez-vous au bonheur que doit donner la famille régénérée par l'éducation civique, la liberté de la conscience, l'organisation sociale de la commune, qui détruiront le vice et la misère.

*
* *

Si nous voulons travailler très-efficacement au progrès, à l'amélioration de notre sort, au perfectionnement de notre être, rejetons, citoyens, ce qui ne nous paraît ni juste ni raisonnable, recherchons la vérité courageusement, et ne craignons pas, lorsque nous croyons l'avoir trouvée, de l'opposer au mensonge ou a l'erreur.

Bêtes d'habitude que nous sommes, nous disons entre nous : « cette doctrine est absurde, dangereuse.

inique », et nous n'osons pas la combattre ouvertement, publiquement, dans l'intérêt de la vérité.

Nous n'osons pas défendre notre porte aux hommes qui prêchent ces doctrines misanthropiques ; mieux encore, nous choisissons pour instituteurs de nos enfants ces hypocrites ou ces fanatiques qui sèment la discorde et la haine parmi les citoyens de notre généreuse nation.

Lorsque chacun de nous saura faire respecter ses convictions, nous formerons une nation virile, et nous aurons le droit de nous dire des hommes ; d'ici là, nous devons être humbles comme des esclaves. Esclaves volontaires, puisque nous avons le suffrage universel qui nous délivrera de toute servitude, quand nous le voudront résolûment.

Quand à moi, mes amis, je ne connais rien de plus méprisable que l'hypocrisie. Si la mort venait me surprendre, rappelez-vous que je n'appartiens à aucune religion dogmatique, et qu'aucun prêtre n'a le droit, par conséquent, d'imposer à mes funérailles le mensonge de sa présence.

Sain de corps et d'esprit, âgé de 60 ans, libre penseur depuis plus de 45, je charge mes amis de faire respecter ma volonté refléchie et inébranlable.... le plus tard qu'il me sera possible.

III

Pour les véritables philanthropes, qui étudient l'état actuel de notre organisation sociale, l'avenir est sombre ; car ils voient les tendances de quelques uns à tout s'accaparer au préjudice des autres, c'est-à-dire de la grande majorité des prolétaires ; et, pas assez de prudence et de force chez ceux-ci.

Mais, les dangers ne peuvent les abattre ; ce n'est pas quand il y a beaucoup à faire que les hommes énergiques et bien intentionnés abandonnent la lutte. C'est dans nos rangs surtout, travailleurs, que doivent se trouver les hommes décidés à combattre pour la justice.

Plus de ces ambitions mesquines parmi nous, citoyens ; la cause que nous défendons veut que nous mettions de côté toute idée égoïste ; c'est par l'union dans le bien que nous arriverons à vaincre les préjugés de l'ignorance, et les influences de la classe dirigeante.

Ayons toujours devant les yeux les maux qui nous amoindrissent et qui peuvent nous faire descendre si bas, qu'il ne nous serait plus possible de nous relever.

L'exploitation du travailleur a pris de telles proportions, que l'ouvrier n'est plus qu'un rouage, une partie de la machine qui permet au capitaliste d'augmenter sa fortune.

L'ouvrière est dans le même cas ; mais l'exploitation de la femme est plus révoltante, elle a des conséquences plus funestes encore, puisqu'elles tendent à détruire l'institution de la famille, base essentielle d'une société bien ordonnée. En diminuant la moralité de la femme, on détruit l'harmonie dans l'humanité.

*
* *

Vous nous appelez hommes de désordres, vous qui trouvez bien ce qui existe ; vous nous appelez hommes vicieux, nous qui voulons purifier les mœurs et organiser la justice.....

Mais, si vous êtes si parfaits, pourquoi tenez-vous tant à l'imperfection de vos semblables ? Pourquoi, légalisez-vous la prostitution pour les femmes ? Pourquoi n'avez-vous pas, depuis si longtemps que vous nous dirigez, pourquoi n'avez-vous pas fait plus pour notre instruction, pour notre éducation, pour notre bien-être.

Vous n'êtes ni parfaits, ni généreux. Ce n'est pas vous, bourgeois, qui pouvez nous aider à sortir de la misère. Vous ne le voulez pas, parce que notre perfection vous fera descendre : nous ferons donc nos affaires nous-mêmes.

Oui, nous ferons nous-mêmes nos affaires ; nous nous instruirons, et nous prendrons dans la nation l'importance que doit nous donner notre qualité de citoyen.

D'après les lois françaises, l'égalité civile et politique doit exister : nous ferons en sorte que cette égalité soit une vérité.

Nous demanderons, pour l'homme et pour la femme du peuple, une protection plus efficace, une liberté plus grande.

Au nom de la justice et de la morale, nous demanderons le divorce pour faire cesser le désordre et sanctifier l'institution du mariage. Au nom de la raison, nos demanderons la liberte de la pensée, afin de ne plus avoir à supporter la tyrannie cléricale, afin d'obtenir une éducation et une instruction en rapport avec aspirations progressives.

*
* *

Nous chercherons dans l'association les moyens de nous affranchir de l'exploitation. L'association est le remède convenable aujourd'hui, et nécessaire aux tratravailleurs, pour combattre le monopole de la finance.

L'association agricole est nécessaire aux petits cultivateurs ; elle leur permettra d'avoir en commun des instruments perfectionnés pour toutes les façons à donner à la terre, moissonner, battre les grains, etc.

L'association de consommation est nécessaire dans les villes et dans les campagnes, pour donner à prix réduits de très-bonnes marchandises, afin d'améliorer la nourriture du peuple.

L'association de production est nécessaire, pour donner aux travailleurs les moyens de traiter directement avec les consommateurs, et par conséquent de profiter de tout le produit que peut fournir le travail, au lieu d'en laisser une bonne partie aux mains des exploiteurs.

L'association de crédit mutuel abolira l'usure, et les marchands d'argent ne pourront plus prendre le plus clair du revenu de celui qui travaille.

L'association en se généralisant pourra fournir des secours aux malades, et des pensions de retraite aux vieillards qui, après une vie de labeurs, ne craindront plus de mourir de faim.

Mais pour que toutes ces choses puissent réussir et durer, il nous faut la liberté entière de réunion, d'association, de parole et de presse. La libre manifestation de la pensée sans entraves. Il faut que le peuple s'instruise en dehors de l'esprit de secte ; il faut que les femmes prennent un caractère plus sérieux, afin que la nouvelle génération élevée par elles, soit formée de citoyens fermes dans leurs convictions, indépendants dans leurs actes.

IV

Le mouvement des idées est tout pacifique et encore indéterminé ; mais tous les prolétaires sont unanimes, à dire qu'une réforme sociale est inévitable.

Le Congrès ouvrier de Paris du mois d'octobre 1876, a été une importante manifestation. Le Congrès de Lyon, en octobre 1877, continuera en l'accentuant, cette manifestation des besoins et des aspirations des prolétaires français.

Ces assemblées de travailleurs sérieux des diverses provinces de France, prouvent que le peuple connaît ses droits, et veut les exercer convenablement ainsi que ses devoirs. Les travailleurs ont grandement raison de traiter eux-mêmes les questions qui les intéressent; ils comprennent qu'un homme vaut un autre homme. Ce n'est pas la richesse, c'est la vertu qui fait la différence.

Il y a beaucoup à faire pour qu'il résulte de ces assemblées du prolétariat un ensemble d'idées pouvant être généralement adoptées et mises en pratique.

Cependant, c'est déjà beaucoup de voir, après vingt années d'empire et d'immoralité, un aussi grand nombre d'hommes de cœur disposés à revendiquer les droits inaliénables de l'humanité.

Nous espérons qu'il sortira de ce mouvement une force intelligente, une raison saine, qui indiquera, à tous les travailleurs, les hommes et les réformes qu'ils devront appuyer.

Car il y a, à côté des hommes recommandables dont nous parlons, quelques autres qui le sont beaucoup moins; ce sont ceux qui font beaucoup de bruit et peu de besogne. Nous ne croyons pas qu'ils soient d'accord avec la police, mais ils seraient payés par elle, qu'ils ne feraient pas mieux pour la servir.

*
* *

Nous, citoyens, qui n'avons pas d'ambition personnelle, ne permettons pas aux brouillons de compromettre le succès acquis. Ceux qui ne veulent pas franchement, fraternellement l'union des intérêts populaires ; ceux qui veulent faire une aristocratie dans la démocratie ; ceux qui ne travaillent que dans l'intérêt de leur personnalité ; ceux-là sont les ennemis de la cause que nous défendons ; nous devons les démasquer et nous le ferons toutes les fois que nous le croirons nécessaire.

Quant aux institutions qui nous paraîtront utiles aux intérêts démocratiques, nous les appuierons quelles ques soient les promoteurs ; si les patrons d'une idée généreuse sont mauvais, nous les remplacerons par de plus dignes citoyens, et la bonne création restera pour produire ses fruits.

Il y a présentement une grande fermentation d'idées réformistes, ce qui dénote qu'il y a de grands maux à guérir dans notre société.

Tous les projets mis en avant ne sont pas parfaits ; il est évident au contraire, que tous, ou presque tous ont besoin d'être étudiés et révisés. L'exécution viendra consacrer les parties vraiment avantageuses de ces projets, pour les conserver dans la pratique, jusqu'à ce qu'une nouvelle organisation et de nouveaux besoins réclament de nouvelles et plus larges institutions.

Les médecins du corps social, comme les médecins du corps humain, doivent expérimenter, donner selon les besoins et les tempéramments, les meilleurs remèdes en rapport avec la constitution du malade, afin de le guérir sûrement au lieu de le tuer par une médication trop violente, ou de laisser mourir par l'usage de drogues inefficaces ou contraires.

*
* *

Parmi les bonnes institutions démocratiques qui existent déjà, il y a les chambres syndicales ouvrières des sociétés de production et de consommation qui laissent certainement à désirer, mais qui s'amélioreront. A Paris, par exemple, il n'est pas douteux que les sociétés de consommation, comprenant les avantages qui résulteraient d'achats en commun, pour être répartis entre toutes les sociétés, suivant les besoins de chacune, n'acomplissent bientôt une aussi simple et aussi avantageuse réforme. Nous en reparlerons en traitant des sociétés coopératives.

On s'occupe activement aujourd'hui des prêts mutuels et gratuits, des pensions de retraite pour la vieillesse et pour les invalides prolétaires du travail; de l'éducation, de l'instruction civique et laïque; de l'amélioration, de l'éducation, de l'instruction et du travail des femmes; de la réformation de la famille par le mariage rendu plus sérieux par le divorce, en cas d'absolue nécessité ; du perfectionnement de l'individu par tous ces moyens et par la destruction des abus et des privilèges.

Il vient de se produire un projet de société qui mérite toute notre attention : il a pour titre *Société protectrice de l'humanité;* il a pour but de venir en aide aux vieillards, aux enfants et à tous ceux qui souffrent. Pour faire partie de cette société, il sufit de verser 25 centimes par mois. Nous ne vous en disons rien de plus dans ce cahier n'ayant pas encore eu connaissance des statuts.

Nous-mêmes, après avoir contribué à la fondation de la société de prévoyance des travailleurs de Paris, qui fonctionne rue du Jour, 9 et 11, (premier arrondissement), nous formons en ce moment une société coopérative de librairie, pour la propagation des idées de réformes sociales.

Mais ce que nous voudrions surtout voir réussir plainement, c'est un journal des travailleurs, politique et quotidien, rédigé par des travailleurs eux-mêmes, et, comme conséquence, la représentation directe du prolétariat au Parlement.

Nous avons consacré notre dixième cahier à ce sujet ; nous vous engageons à le lire, avec l'attention que mérite le sujet.

Eug. CHEVALLIER.

AVIS A MES LECTEURS

Lorsque le 1er mai 1876, j'ai commencé mes études sur les réformes sociales, j'ai promis des livraisons qui sont terminées.

Je vais commencer une autre série de dix livraisons avec le concours de tous ceux qui voudront m'aider.

Les philantropes qui auront des notes à me fournir ou des travaux à insérer dans mon livre, pourront s'entendre avec moi ; je serais heureux d'enrichir mes cahiers des productions d'autrui, lorsqu'elles rentreront dans mon but et dans mes moyens.

Je vous prie, chers lecteurs, de me soutenir dans

cette œuvre, où je mets toute ma bonne volonté au service de la sainte cause du peuple.

Je voudrais recevoir des chambres syndicales ouvrières, et des autres groupes et associations populaires, des communications, des renseignements qui me permettraient de faire connaître tous les besoins et toutes les aspirations des travailleurs ; nous rédigerions aussi tous ensemble les cahiers du prolétariat.

Dans la suite de ces cahiers on trouvera les titres suivants :

Sociétés coopératives ; Droits de réunions et d'associations ; Opinion publique et Courage civique ; Instruction et éducation du peuple ; la Famille ; le Mariage ; le Divorce ; la Commune ; la Patrie ; l'Humanité, etc., etc.

La tâche est bien au-dessus de mes forces, mais j'ai confiance en mon courage et en vous, chers lecteurs.

Salut fraternel.

Eug. CHEVALLIER.

N.-B. — Aucune idée de haine ne nous anime ; si l'excès du mal que nous constatons, si le machiavélisme du gouvernement tombé, si les manœuvres, aussi impolitiques que coupables, mises en pratique encore de nos jours par un grand nombre de nos adversaires, nous forcent à signaler le mal avec une certaine véhémence. Nous n'avons cependant qu'un but : la pacification et l'union dans le bien.

Nous ne voulons pas de classes, nous ne voulons pas de sectes oppressives ; nous voulons l'égalité devant la loi selon la raison et la vérité.

Nous nous élevons contre la bourgeoisie qui veut faire caste ; contre le cléricalisme dominateur ; mais aussi, nous sommes disposé à traiter comme frères de la grande famille humaine tous les hommes de bien qui veulent le progrès social, la liberté et la solidarité par la justice.

Eugène CHEVALLIER.

Sancerre.— Imprimerie de A. AUPETIT.

LES RÉFORMES NÉCESSAIRES

UN JOURNAL DES TRAVAILLEURS.

Ce n'est pas en vain, nous l'espérons, que nous demandons la création d'un *Journal des Travailleurs*, rédigé par des ouvriers.

On a déjà parlé dans notre sens au congrès ouvrier ; on vient de faire plus : une importante réunion privée a eu lieu à Paris, dans le but de rechercher les moyens pratiques pour arriver promptement à l'exécution de ce projet.

Plusieurs citoyens ont pris la parole pour démontrer l'importance de l'entreprise, et les douze à quinze cents prolétaires, présents dans la salle d'Arras, ont été unanimes pour approuver chaleureusement la création d'un *Journal des Travailleurs*.

Dans cette réunion, nous avons fait connaître ce que les membres du Cercle des Travailleurs, en formation en 1876, transformé depuis en société de prévoyance des travailleurs de Paris, 9-11, rue du Jour, avaient fait pour favoriser cette importante idée.

Et nous avons pensé que la question gagnerait

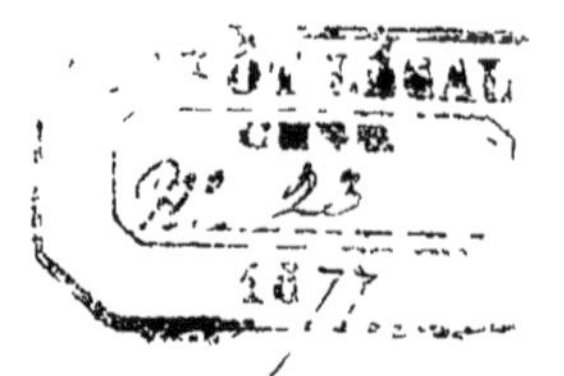

beaucoup à être étudiée avec maturité, pour être résolue très-promptement; c'est pourquoi nous avons rédigé ce dixième cahier que nous soumettons à l'examen de tous les travailleurs. Cette livraison est bien à sa place dans notre livre, car, parmi les réformes nécessaires, la création d'un *Journal des Travailleurs* doit être au premier rang.

*
* *

Chers concitoyens, nous devons, en effet, nous mettre résolûment à l'œuvre, pour mener à bonne fin une entreprise qui servira puissamment la démocratie.

Mettons donc, en cette circonstance, tout amour-propre de côté. Nous ne devons avoir d'autre ambition que de servir la cause populaire, avec tous ceux qui, comme nous, comprennent l'importance de la solidarité.

Nous disions à la salle d'Arrras : La cause que nous défendons c'est la vérité, c'est la justice ; nous triompherons si nous savons combattre dignement; nous sommes le nombre, nous sommes le droit, forces irrésistibles lorsqu'on sait s'en servir.

Mais on peut facilement nous diviser et nous tromper ; on connaît notre côté faible, on nous divise et l'on nous trompe ; c'est en agissant ainsi qu'on nous a fait descendre où nous sommes.

*
* *

L'infernal système de l'empire n'est pas détruit ;

nous avons la République, mais nous n'avons pas la démocratie.

Nous avons encore trois ordres dans l'Etat, comme avant 1789 : Ces trois ordres sont aujourd'hui la Bourgeoisie, le clergé et le peuple prolétaire.

La bourgeoisie accapare les capitaux et exploite les travailleurs ; le clergé emploie tous les moyens pour maintenir le peuple dans l'ignorance et la superstition ; la masse du peuple ne connaît pas assez ses vrais intérêts, sa véritable force et voit ses misères augmenter tous les jours.

Cependant, le mal social est effrayant ; il faut le guérir, et il ne peut être guéri que par ceux qui souffrent.

*
* *

Il y a un grand mal dans l'antagonisme individuel ; nous avons à Paris beaucoup de groupes trop isolés entre eux : nous comprenons la distinction des groupes.

Les hommes qui ont une idée commune et qui veulent la faire réussir, forment une société, une association : rien de mieux ; mais ces réunions devraient, lorsqu'elles ont un but vraiment démocratique, être bienveillantes les unes pour les autres, et s'entr'aider au besoin.

Nous avons encore à donner un excellent conseil, citoyens : c'est de ne pas être trop étroits dans la définition du mot *travailleurs ;* tous ceux qui vous donnent leurs soins, leur âme ; tous ceux qui vivent et qui travaillent péniblement, du corps ou de l'esprit, avec et pour le peuple sont, au même titre, prolétaires et travailleurs.

Laissons de côté nos susceptibilités, et tous, dans un esprit humain et fraternel, mettons-nous à l'œuvre, créons et soutenons un *Journal des Travailleurs*.

Si nous savons nous entendre, citoyens, nous accomplirons, au profit de tous, une belle et grande Révolution pacifique qui donnera à nos enfants la dignité, la paix et le bonheur.

Nous ne voulons pas faire une critique amère des journaux existants ; ils sont dans leur rôle. Créés par des capitalistes, ils ne peuvent faire que de la politique bourgeoise, et les intérêts des prolétaires sont négligés plus ou moins par tous, même par les meilleurs.

D'ailleurs, les journalistes en général n'ont vu que de loin les souffrances populaires ; ils n'ont pas la vie et les besoins des travailleurs ; ils ne peuvent en parler convenablement, car, pour le faire, il faut s'incarner dans l'existence de l'ouvrier.

Un journal, rédigé par des ouvriers, sera donc très-important, puisque la chose principale qui y sera traitée sera la question sociale : la réforme des abus, l'organisation du travail.

Au lieu d'avoir, comme par grâce, quelques lignes à la troisième page consacrées aux questions du travail, on emploiera, dans le *Journal des Travailleurs*, la plus grande partie de la feuille aux divers besoins des ouvriers.

*
* *

Il ne faut pas négliger les affaires politiques ; il faut que l'ouvrier suive les questions qui se débattent journellement dans les sphères gouvernementales ; il a besoin d'apprendre à juger les hommes par leurs actes : Son jugement et son intelligence se développeront en cherchant la raison des choses.

Mais tout en suivant la marche des évènements intérieurs et extérieurs, l'ouvrier trouvera, dans le *Journal des Travailleurs*, sa chose à lui, qui est la question sociale, la réorganisation du travail.

La moitié au moins du journal devra donc être consacrée à la discussion des moyens à employer pour guérir le *mal de misère ;* à parler des réformes qui devront améliorer la position matérielle, morale et intellectuelle des travailleurs.

Cette communion de pensées et d'aspirations, résultant de la coopération à un journal qui sera le confident et le défenseur de tous nos besoins, de tous nos intérêts, fortifiera, par l'union, la solidarité fraternelle des travailleurs.

C'est une chose bien importante que la création de

ce journal : Instrument indispensable à notre affranchissement.

Nos plaintes isolées n'ont pas d'écho ; elles se perdent dans l'intérieur de la famille, où elles augmentent le malaise.

Tous les intérêts égoïstes ont des journaux qui les soutiennent : les intérêts généraux du peuple sont seuls délaissés. Les prolétaires ont donc grandement raison, de se cotiser pour faire cesser cet isolement, qui leur est si préjudiciable.

*
* *

Nous avions pensé, avant ce jour, à la création d'un journal hebdomadaire, et nous avions à plusieurs reprises, parlé et écrit en ce sens ; mais un examen réfléchi de la question, nous a fait changer d'avis.

Un journal quotidien, traitant les faits politiques et les questions sociales, a plus de chances de réussir qu'un journal hebdomadaire, traitant seulement des réformes sociales.

Il est entré dans les besoins de tous les hommes sérieux de lire chaque jour un journal politique. Si ce journal est en même temps réformiste, dans la plus large acception du mot, les ouvriers le prendront de préférence et il n'est pas douteux qu'un *Journal des Travailleurs*, quotidien, trouve très-promptement, à Paris, vingt-mille abonnés. On devra même ne commencer la publication du journal, qu'avec ce nombre d'adhérents, et, en organisant convenablement l'entreprise, on obtiendra promptement ce résultat.

Voici un moyen qui nous paraît propre à atteindre le chiffre que nous venons d'indiquer.

Dans des réunions privées, une par arrondissement, que l'on choisisse 4 délégués dans chacune, un par quartier, total 80. — Que ces 80 délégués soient chargés de trouver, dans leurs quartiers respectifs, 10 citoyens actifs et dévoués, pour recueillir des adhésions ; avec ces *huit cents* apôtres de notre œuvre, il sera facile de trouver vingt mille abonnés à Paris.

On les trouvera, parce que nous nous mettrons à la portée de tous les besoins que nous connaissons bien.

*
* *

Les travailleurs sont pauvres, et nous ne voulons pas de capitalistes ; que devons-nous faire pour avoir promptement des ressources certaines, sans trop prendre sur les faibles salaires des ouvriers ?

Nous mettrons notre journal à 36 francs par an, 3 francs par mois ; et nous recevrons des abonnements depuis 1 franc, pour 10 numéros.

Nous rechercherons, parmi les plus dévoués, les plus favorisés des travailleurs, ceux qui pourront et qui voudront s'engager pour une action de 50 francs, qu'ils paieront par parties.

Cette action leur sera remboursée dans un temps

déterminé, par le journal même qu'ils recevront à raison de 36 francs par an, de manière que dans 17 mois ils seront remboursés.

Les actionnaires formeront une société coopérative, ils auront la direction de l'entreprise, et ils s'occuperont de pourvoir à tous les besoins, selon les statuts faits par eux, et soumis à tous les abonnés de la première heure.

*
* *

Il est bien entendu qu'en donnant ces indications nous n'avons pas la prétention de donner une règle à suivre absolue ; nous soumettons nos idées à nos amis, les démocrates travailleurs, pour qu'elles soient examinées avec toutes celles qui pourront se produire dans les réunions préparatoires.

Ce que nous demandons d'une manière pressante ; ce que nous souhaitons voir aboutir, c'est le *Journal des Travailleurs ;* c'est cet organe sans lequel les efforts des prolétaires seront sans résultats, et leur influence nulle dans les questions qui les intéressent le plus. Le journal leur donnerait cette force et cette influence qui leur manquent.

Cette idée de créer un journal appartient à nous tous, travailleurs ; elle n'est la propriété exclusive de personne ; mettons-nous donc tous d'accord pour la mener à bonne fin.

Armons-nous de courage ; car nous aurons certainement des obstacles à surmonter, des adversaires à combattre.

On cherchera à nous diviser pour nous affaiblir; à mettre le trouble entre nous, pour faire avorter un projet très-redoutable à ceux qui nous exploitent et nous oppriment.

Serons-nous prudents dans notre conduite; énergiques pour exécuter notre projet; conciliants entre nous pour marcher ensemble forts et nombreux dans la voie de la délivrance et des réformes?

Nous l'espérons; nous ferons tout pour la réussite du projet, et, si nos vœux sont trompés, nous aurons travaillé, en conscience, à l'œuvre capitale de l'émancipation des prolétaires.

Un journal rédigé par les travailleurs, dans l'intérêt de tous les prolétaires, sera appuyé par les ouvriers des départements, et les justes revendications du peuple devront recevoir satisfaction.

Notre exemple sera contagieux : Nous ferons sortir de leur engourdissement non-seulement les ouvriers apathiques des villes, mais aussi ces honnêtes et trop dociles habitants des campagnes, que l'on voudrait toujours maintenir éloignés de nous, pour mieux les tromper.

Aussi, emploie-t-on tous les moyens pour leur faire croire que nous sommes leurs ennemis. — Notre journal, en détruisant ce mensonge, nous mettra en rapport avec nos frères des campagnes, qui nous aideront à obtenir justice pour eux et pour nous.

Lorsque l'élan sera donné, il se créera d'autres journaux dans le sens du nôtre, à Paris et en province.

L'instruction civique se répandra ; on voudra, dans les villes comme dans les campagnes, avoir une bonne représentation nationale dans le sens des intérêts populaires.

On cherchera et on trouvera, parmi les prolétaires, parmi les travailleurs, des hommes capables, des hommes de sens et de conscience ; on les appuiera dans les luttes électorales ; on les élira, et lorsque nous aurons parmi nos représentants, un grand nombre des nôtres, on nous donnera les réformes gouvernementales dont nous avons besoin.

Nous-mêmes, ayant, par les lois, la liberté d'agir, nous ferons dans quelques jours, pour notre avancement, plus que nous pouvons faire aujourd'hui dans plusieurs années.

*
* *

Est-ce l'anarchie que nous apporterons dans le pays ? Non, non. La révolution, ainsi faite, rétablira bien certainement l'ordre partout, la justice partout, en donnant à chacun l'instruction et le bien-être, par une forte éducation et par l'organisation du travail.

Il ne faut pas se payer de mots et croire que l'ordre règne parce qu'il n'y a pas de résistance brutale : la misère grandit, la moralité diminue, la justice ne reçoit pas satisfaction ; beaucoup de citoyens souffrent horriblement, par suite des mauvaises institutions sociales ; d'autres, au contraire, profitent des abus au détriment du grand nombre. Cela s'appelle le *désordre moral*. Ce désordre, il faut le faire cesser le plus tôt possible.

Notre journal sera un des plus puissants moyens qu'on puisse employer, pour rétablir parmi tous les français, la concorde et l'union ; et, au contraire, en continuant le système des compromis entre les forts, pour maintenir les faibles dans la dépendance, on nous mènerait aux révolutions violentes, à la tyrannie et par conséquent à la décadence.

* * *

Rallions-nous donc, travailleurs, autour de notre journal, qui nous aidera à sortir de la servitude, en guérissant le mal de misère, et qui nous fortifiera moralement et matériellement.

Nous sommes des hommes, citoyens travailleurs, au même titre que ceux qui prétendent être la *classe dirigeante;* faisons donc ce qu'il faut pour prendre notre place dans la société.

Nous avons le droit de suffrage, que ce soit pour

nous en servir au profit de ceux qui souffrent injustement.

Ne soyons plus des instruments aux mains des ambitieux. Ce levier puissant, le suffrage universel, peut et doit rétablir partout la Justice; et ce résultat dépend de nous.

*
* *

Nous terminons ce cahier, Citoyens, en vous citant les paroles que nous avons écrites et publiées il y a plus d'une année :

« Il manque, dans la presse parisienne, un jour-
« nal qui représente d'une manière spéciale, les inté-
« rêts et les aspirations des travailleurs manuels et de
« tous ceux dont la vie matérielle dépend d'un salaire
« quotidien.

« Pour compléter l'organisation vraie du suffrage
« universel, cette lacune doit être comblée. Il est facile
« de créer ce journal.

« Que tous les ouvriers démocrates souscrivent
« pour 1 franc, et bientôt nous aurons la somme né-
« cessaire pour verser le cautionnement.

« Chacun pourrait souscrire sans payer d'abord,
« et lorsque le nombre des souscripteurs serait consi-
« dérable, on prendrait toutes les mesures utiles à la
« perception, au placement et au contrôle ; de sorte que
« les adhérents auraient les garanties qu'ils doivent

« désirer dans l'intérêt de l'entreprise populaire dont « nous parlons.

« Voilà l'idée semée ; elle devra germer et porter « des fruits, Si nous sommes sages, nous aurons une « force immense par l'union.

*
* *

« Nous constatons avec bonheur que les esprits ne « sont plus portés aux revendications par la force bru- « tale. Nous avons d'autres moyens, nous nous en « servirons.

« Plus de grèves ; l'organisation du travail. Plus « de révolutions violentes ; mais la révolution pacifique « par le suffrage universel. Le suffrage universel don- « nera, avec le temps, satisfaction à tous les besoins « raisonnables et respectables.

« Plus de privilèges ; la préférence aux plus dignes. « L'instruction à tous, gratuite, obligatoire et laïque.

« L'instruction donnée de sorte que les capacités « d'en bas arrivent, par leur mérite, aux places d'en « haut, à l'exclusion des incapacités aristocratiques, « sans pouvoir jamais être arrêtées en route. En tout « et partout, la justice et la vérité. »

Eugène CHEVALLIER,

TABLE DES MATIÈRES

AVIS.

Nous avons commencé nos cahiers avec l'aide du CERCLE DES TRAVAILLEURS de Paris, qui est resté une année en formation. Nous avions demandé l'autorisation à l'administration qui, après plus de six mois d'enquête, a refusé, à des amis sérieux de l'ordre dans la République, ce qu'elle accorde partout aux ennemis de nos institutions.

Plusieurs journaux ont inséré la lettre que nous leur avions adressée à ce sujet et que nous reproduisons ici :

21 Décembre 1876.

Monsieur le Rédacteur,

Il y a quelques jours, vous avez bien voulu insérer la note que nous vous avons envoyée, faisant connaître notre intention de travailler efficacement à la guérison du mal de misère. Nous vous serons très obligés de nous ouvrir encore aujourd'hui vos colonnes,

Nous recevons la notification d'un arrêté du 19 de ce mois, par lequel M. le préfet de police nous refuse l'autorisation que nous lui avions demandée pour former notre cercle.

L'administration, sous M. Buffet, nous a laissés naître ; sous M. Dufaure, nous a laissés vivre. Et même M. de Marcère nous a, à Domfront, encouragés à persévérer. Sous M. Jules Simon, l'administration nous a brisés. Heureusement que les morceaux du cercle brisé ont une grande force de vitalité ; il renaîtra.

Nous ne pouvons pas, quant à présent, donner suite à notre projet de création d'un bureau de renseignements pour procurer du travail aux ouvriers et aux employés. Les exploiteurs sont mieux vus que nous par la police ; mais on ne pourra pas nous empêcher de fonder, par actions, une société de prévoyance : nous allons la constituer.

On ne peut pas non plus nous empêcher de nous voir entre amis, et de nous entretenir des intérêts sociaux ; nous continuerons donc de nous en occuper.

On craint que nous ne fassions trop de bien par l'union des esprits ; on craint que, par notre influence, il se fonde un journal de travailleurs pour continuer l'œuvre du Congrès ouvrier. Pauvres gens à courte vue vous n'empêcherez pas la rivière de couler.

Pour le cercle,

Le secrétaire, *Eugène Chevallier*.

Nous avons, depuis ce temps, formé la SOCIÉTÉ COOPÉRATIVE DE PRÉVOYANCE DES TRAVAILLEURS DE PARIS, par actions et conformément à la loi ; nous vous donnons, dans un autre cahier, les statuts de notre société, et nous vous invitons, citoyens travailleurs, à venir prendre part à notre coopération.

Le Secrétaire de la Société coopérative de prévoyance des Travailleurs de Paris.

EUGÈNE CHEVALLIER.

On peut, tous les soirs, consulter le Secrétaire, au siége social, 9-11, rue du Jour, de sept à dix heures.

Sancerre. — Imprimerie de A. AUPETIT.

L'ENQUÊTE

DES TRAVAILLEURS

SUR LES RÉFORMES SOCIALES

3me Cahier

Prix : 10 centimes.

SANCERRE
IMPRIMERIE ET LITHOGRAPHIE A. AUPETIT.

1876

Paraîtra prochainement :

L'ENQUÊTE

JOURNAL DES TRAVAILLEURS

Cet organe, rédigé par les travailleurs eux-mêmes, sera une tribune accessible à tous ceux qui auront des idées pratiques à émettre sur les réformes devenues nécessaires, indispensables et sur une meilleure organisation du travail. Ce journal justifiera son titre en poursuivant une enquête permanente pour connaître les abus. Il mettra, en outre, tous ses soins à rechercher les remèdes les plus efficaces pouvant guérir les plaies de notre société.

L'ENQUÊTE

DES TRAVAILLEURS

SUR LES RÉFORMES SOCIALES

—

4me Cahier

Prix : 10 centimes.

1re ÉDITION

SANCERRE
IMPRIMERIE ET LITHOGRAPHIE A. AUPETIT.

1876

Paraîtra prochainement :

L'ENQUÊTE

JOURNAL DES TRAVAILLEURS

Cet organe, rédigé par les travailleurs eux-mêmes, sera une tribune accessible à tous ceux qui auront des idées pratiques à émettre sur les réformes devenues nécessaires, indispensables et sur une meilleure organisation du travail. Ce journal justifiera son titre en poursuivant une enquête permanente pour connaître les abus. Il mettra, en outre, tous ses soins à rechercher les remèdes les plus efficaces pouvant guérir les plaies de notre société.

5me **Livraison**

L'ENQUÊTE

DES TRAVAILLEURS

SUR LES RÉFORMES SOCIALES

—

5me Cahier

Prix : 10 centimes.

SANCERRE

IMPRIMERIE ET LITHOGRAPHIE A. AUPETIT.

1876

Paraîtra prochainement :

L'ENQUÊTE

JOURNAL DES TRAVAILLEURS

Cet organe, rédigé par les travailleurs eux-mêmes, sera une tribune accessible à tous ceux qui auront des idées pratiques à émettre sur les réformes devenues nécessaires, indispensables et sur une meilleure organisation du travail. Ce journal justifiera son titre en poursuivant une enquête permanente pour connaître les abus. Il mettra, en outre, tous ses soins à rechercher les remèdes les plus efficaces pouvant guérir les plaies de notre société.

6me Livraison

L'ENQUÊTE

DES TRAVAILLEURS
SUR LES RÉFORMES SOCIALES

CONGRÈS OUVRIER

Prix : 10 centimes.

1re ÉDITION

SANCERRE

IMPRIMERIE ET LITHOGRAPHIE A. AUPETIT.

1876

Paraîtra prochainement :

L'ENQUÊTE

JOURNAL DES TRAVAILLEURS

Cet organe, rédigé par les travailleurs eux-mêmes, sera une tribune accessible à tous ceux qui auront des idées pratiques à émettre sur les réformes devenues nécessaires, indispensables et sur une meilleure organisation du travail. Ce journal justifiera son titre en poursuivant une enquête permanente pour connaître les abus. Il mettra, en outre, tous ses soins à rechercher les remèdes les plus efficaces pouvant guérir les plaies de notre société.

7me Livraison

L'ENQUÊTE

DES TRAVAILLEURS
SUR LES RÉFORMES SOCIALES

LA MISÈRE

7me Cahier

Prix : 10 centimes.

SANCERRE
IMPRIMERIE ET LITHOGRAPHIE A. AUPETIT.

1876

SOCIÉTÉS DE CONSOMMATION

SOCIÉTÉ, rue de Reuilly, 17 ; — SOCIÉTÉ des EQUITABLES, boulev. d
Gare, 211 ; — SOCIÉTÉ DU XVIIIe ARRONDISSEMt, rue Doudeauville
ECONOMIE OUVRIÈRE, à Ménilmontant, rue Delaître, 20.
L'UNION OUVRIÈRE, passage Ménilmontant, 10.
L'AVENIR DE PLAISANCE, rue Pernette, 30.
LA FOURMI, rue St-Denis 249; — LA COLLECTIVE, rue Montmorency, 9
LA FRATERNELLE, petite rue des Lilas, 10.
LA FAMILLE DES FILEURS, boulev. de la Glacière, 147.
LA PROGRESSIVE, rue Descartes, 6; —LA MOISSONNEUSE, rue Basfroid,
L'AVENIR DE VAUGIRARD, rue Lecourbe, 129 ;
L'ESPÉRANCE DE MONTMARTRE, rue Orsel, 5.
LA CONCORDE id. rue Versigny, 2.
L'AVENIR SOCIAL, à Saint-Denis, rue du Cygne 5.
LA REVENDICATION, à Puteaux. rue du Four, 8.
LE PROGRÈS, à Puteaux, rue Perrault, 42.
L'ABEILLE SURESNOISE, impasse Bourret, 7 (à Suresnes).
LA CONFIANCE, à Courbevoie, rue de l'Abreuvoir, 16.
L'UNION DES CONSOMMATEURS, à Levallois-Perret.
LA FAMILLE, rue Jean Nicot, 22.

SOCIÉTÉS COOPÉRATIVES DE PRODUCTION.

AMEUBLEMENTS SCULPTÉS, rue Saint-Ambroise, 9.
COCHERS DE PARIS, place Voltaire, 5.
CORDONNIERS, quai de Valmy, 71, et rue Turbigo, 32.
COMPTEURS A GAZ, rue du Faubourg-du-Temple, 75.
FERBLANTIERS-BOITIERS, rue de la Jussienne, 9.
FERBLANTIERS-LAMPISTES, rue de Bondy, 70.
IMMEUBLES (Epargne Immobilière), rue d'Arras, 3.
IMPRIMERIE NOUVELLE, rue des Jeûneurs, 14.
INSTRUMENTS DE MUSIQUE, rue Saint-Maur, 45.
LIMES, rue des Gravilliers, 48, et rue Traversière, 35.
LIMES, rue Henri Chevreau, 32.
LITHOGRAPHES, quai de Valmy, 21.
LUNETIERS, rue d'Anjou, 6.
MAÇONS ET TAILLEURS DE PIERRES, rue des Boulets, 73.
MARBRIERS, rue Saint-Maur, 63.
MENUISIERS EN BATIMENTS, 51, rue Cardinal-Lemoine.
PEINTRES EN BATIMENTS, rue Sedaine, 56.
PIANOS FACTEURS, rue des Poissonniers, 66.
TAILLEURS, rue Turbigo, 33.
TAILLEURS COUPEURS, faubourg Saint-Martin, 100.

CHAMBRES SYNDICALES OUVRIÈRES

Peintres-Céramistes, r. Fontaine-au-roi 26 b.
Bronziers, r. Neuve-Popincourt, 11.
Taillandiers, rue Saint-Antoine, 116.
Tailleurs d'Habits, rue de la Jussienne, 8.
Tailleurs Coupeurs, rue du Petit-Carreau 9
Cloutiers, place la Corderie-du-Temple, 6
Mécaniciens de précision, rue Grands-Augustins, 28.
Facteurs de Pianos, rue d'Angoulême, 72.
Portefeuillistes, plac Corderie-du-Temple, 9
Ferblantiers, place Corderie-du-Temple, 9.
Menuisiers en Bâtiments, rue Pont-aux-Choux, 13.
Marbriers, rue Pont-aux-Choux, 13.
Galochiers, boulevard Picpus, 4.
Bijoutiers, rue Thévenot, 30.
Graveurs, rue des Filles-du-Calvaire, 7.
Cuirs et Peaux, rue Galande, 31.
Passementiers, rue des Couronnes, 3
Tailleurs de Pierres, rue du Rocher, 88.
Peintres en Bâtiments, rue Ferme-Saint-Lazare, 9.
Horlogers, rue du Poitou, 13.
Cuisiniers, rue aux Ours, 55.
Typographes Compositeurs, rue de Savoie 15
Conducteurs Imprimeurs Typographes, rue de la Harpe, 9.
Imprimeurs en taille-douce, rue de la Montagne Sainte-Geneviève, 46,
Plombiers-Couvreurs, rue Le Regrattier, 13
Tourneurs Robinettiers rue des Filles-du-Calvaire, 7.
Lithographes, rue St-Martin, 76.

Papeterie, rue Meslay 61.
Cordonniers, rue Pierre-au-Lord, 12
Vanniers, rue Gambey, 20.
Chapeliers, rue de Belleville, 24.
Tisseurs, rue des Envierges, 12.
Fumistes, rue des Amandiers, 106.
Dessinateurs d'Ameublements, rne Rochebrune.
Sculpteurs sur Bois, rue St-Sébastien, 48.
Tourneurs en Optique, rue de l'Ancienne-Comédie, 18.
Emballeurs, rue Montmartre, 50.
Instituteurs, rue Lemercier, 32.
Relieurs Doreurs, r. des Gds-Augustins, 28.
Selliers, rue Paradis-Poissonnière, 11 ou 18.
Chemisiers, rue Aubry-le-Boucher, 55.
Mécaniciens, rue N.-Dame-de-Nazareth, 66.
Modeleurs en Fonte, rue des Amandiers, 14.
Charpentiers, rue St-Paul, 9.
Couvreurs, rue Vieille du Temple, 123.
Serruriers, rue des Filles-du-Calvaire, 7.
Couturières et Lingères, 86, avenue de Clichy
Ebénistes, passage Ste-Marie, 3, à Charonne.
Fondeurs en caractères, rue de la Roquette.
Garçons de salles, rue Coquillère, 33.
Maçons, 27, rue Dulong.
Tablettiers en Peignes, impasse Popincourt, 4, rue Folie-Méricourt, 14
Carrossiers, rue Desmours, 3.
Meubles sculptés, rue Servan, 38.
Scieurs de long, rue Cardinal-Lemoine, 74.
Parquetteurs, rue Petrelle, 24.

Nous prions les ouvriers et les ouvrières de nous faire connaître les adresses que nous avons omises, de nous faire rectifier les adresses qui peuvent être inexactes, etc.

Nous donnerons, sur la couverture de nos prochains cahiers, toutes les adresses due l'on voudra bien nous faire connaître, en nous les adressant, **11**, rue du Jour, ou à Montmartre, **11**, rue Gabrielle.

Paraîtra prochainement :

L'ENQUÊTE

JOURNAL DES TRAVAILLEURS

AVIS AUX OUVRIERS FRANÇAIS

Il est de la plus haute importance de créer un journal rédigé exclusivement par les travailleurs, pour continuer le mouvement imprimé à la réforme sociale par le Congrès ouvrier de Paris.

Nous engageons nos amis de la province à s'entendre avec nous à ce sujet.

Cette idée, que nous poursuivons depuis longtemps, d'accord avec les autres membres du Cercle des Travailleurs de Paris, ne doit plus être ajournée.

Il faut que tous les ouvriers français, qiu veulent le perfectionnement social et une meilleure organisation du travail, se mettent en rapport avec nous, pour aviser ensemble.

Il faut que dans chaque ville on crée des ressources pour soutenir le journal dont nous parlons ; il faut provoquer dès maintenant des abonnements qui seront payés plus tard, lorsque l'administration du journal sera nommée.

Nous pensons que l'on doit d'abord faire un journal hebdomadaire, à 6 francs par an, et l'on pourra, si l'on s'en occupe activement, faire paraître promptement le premier numéro de ce journal.

Alphonse Choix, Genty,
Cordonnier, Tailleur,
Membres du *Cercle des Travailleurs* de Paris,
en formation, 11, rue du Jour.
Délégués au *Congrès Ouvrier* de 1876.

Adresser les communications et renseignements au citoyen Eugène Chevallier, 11, rue Gabrielle, à Paris-Montmartre.

9me Livraison

L'ENQUÊTE

DES TRAVAILLEURS
SUR LES RÉFORMES SOCIALES

LES RÉFORMES NÉCESSAIRES

9me Cahier

Prix : 10 centimes.

SANCERRE
IMPRIMERIE ET LITHOGRAPHIE A. AUPETIT.

1877

SOCIÉTÉS DE CONSOMMATION

SOCIÉTÉ, rue de Reuilly, 17 ; — SOCIÉTÉ des EQUITABLES, boulev. de Gare, **211** ; — SOCIÉTÉ DU XVIIIe **ARRONDISSEM**[t], rue Doudeauville,
ECONOMIE OUVRIÈRE, à Ménilmontant, rue Delaître, 20.
L'UNION OUVRIÈRE, passage Ménilmontant, 10.
L'AVENIR DE PLAISANCE, rue Pernette, 30.
LA FOURMI, rue St-Denis 249; — LA COLLECTIVE, rue Montmorency, 9.
LA FRATERNELLE, petite rue des Lilas, 10.
LA FAMILLE DES FILEURS, boulev. de la Glacière, 147.
LA PROGRESSIVE, rue Descartes, 6; —LA MOISSONNEUSE, rue Basfroid, 4
L'AVENIR DE VAUGIRARD, rue Lecourbe, 129 ;
L'ESPÉRANCE DE MONTMARTRE, rue Orsel, 5.
LA CONCORDE id. rue Versigny, 2.
L'AVENIR SOCIAL, à Saint-Denis, rue du Cygne 5.
LA REVENDICATION, à Puteaux. rue du Four, 8.
LE PROGRÈS. à Puteaux, rue Perrault, 42.
L'ABEILLE SURESNOISE, impasse Bourret, 7 (à Suresnes).
LA CONFIANCE, à Courbevoie, rue de l'Abreuvoir, 16.
L'UNION DES CONSOMMATEURS, à Levallois-Perret.
LA FAMILLE, rue Jean Nicot, 22.
L'EGALITAIRE, 11, rue de Loos (10e arrond.)

SOCIÉTÉ DE PRÉVOYANCE DES TRAVAILLEURS DE PARIS,
9-11, rue du Jour (1er arrond.)

SOCIÉTÉS COOPÉRATIVES DE PRODUCTION.

AMEUBLEMENTS SCULPTÉS, rue Saint-Ambroise, 9.
COCHERS DE PARIS, place Voltaire, 5.
CORDONNIERS, quai de Valmy, 71, et rue Turbigo, 32.
COMPTEURS A GAZ, rue du Faubourg-du-Temple, 75.
FERBLANTIERS-BOITIERS, rue de la Jussienne, 9.
FERBLANTIERS-LAMPISTES, rue de Bondy, 70.
IMMEUBLES (Epargne Immobilière), rue d'Arras, 3.
IMPRIMERIE NOUVELLE, rue des Jeûneurs, 14.
INSTRUMENTS DE MUSIQUE, rue Saint-Maur, 45.
LIMES, rue des Gravilliers, 48, et rue Traversière, 35.
LIMES, rue Henri Chevreau, 32.
LITHOGRAPHES, quai de Valmy, 21.
LUNETIERS, rue d'Anjou, 6.
MAÇONS ET TAILLEURS DE PIERRES, rue des Boulets, 73.
MARBRIERS, rue Saint-Maur, 63.
MENUISIERS EN BATIMENTS, 51, rue Cardinal-Lemoine.
PEINTRES EN BATIMENTS, rue Sedaine, 56.
PIANOS FACTEURS, rue des Poissonniers, 66.
TAILLEURS, rue Turbigo, 33.
TAILLEURS COUPEURS, faubourg Saint-Martin, 100.

CHAMBRES SYNDICALES OUVRIÈRES

Peintres-Céramistes, r. Fontaine-au-roi 26 b.
Bronziers, r. Neuve-Popincourt, 11.
Taillandiers, rue Saint-Antoine, 116.
Tailleurs d'Habits, rue de la Jussienne, 8.
Tailleurs Coupeurs, rue du Petit-Carreau. 9
Cloutiers, place la Corderie-du-Temple, 6
Mécaniciens de précision, rue Grands-Augustins, 28.
Facteurs de Pianos, rue d'Angoulême, 72.
Portefeuillistes, plac Corderie-du-Temple, 9
Ferblantiers, place Corderie-du-Temple, 9.
Menuisiers en Bâtiments, r. St-Honoré, 89
Marbriers, rue Pont-aux-Choux, 13.
Galochiers, boulevard Picpus, 4.
Bijoutiers, rue Thévenot, 30.
Graveurs, rue des Filles-du-Calvaire, 7.
Cuirs et Peaux, rue Galande, 31
Passementiers, rue des Couronnes, 3
Tailleurs de Pierres, rue du Rocher, 88.
Peintres en Bâtiments, rue Ferme-Saint-Lazare, 9.
Horlogers, rue du Poitou, 13.
Cuisiniers, rue aux Ours, 55.
Typographes Compositeurs, rue de Savoie 15
Conducteurs Imprimeurs Typographes, rue de la Harpe, 9.
Imprimeurs en taille-douce, rue de la Montagne Sainte-Geneviève, 46,
Plombiers-Couvreurs, rue Le Regrattier, 13
Tourneurs Robinettiers rue des Filles-du-Calvaire, 7.
Lithographes, rue St-Martin, 76.
Papeterie, rue Meslay 61.
Cordonniers, rue Pierre-au-Lord, 12
Vanniers, rue Gambey, 20.
Chapeliers, rue de Belleville, 24.
Tisseurs, rue des Envierges, 12.
Fumistes, rue des Amandiers, 106.
Dessinateurs d'Ameublements, rne Rochebrune.
Sculpteurs sur Bois, rue St-Sébastien, 48.
Tourneurs en Optique, r. de Turenne, 71.
Emballeurs, rue Montmartre, 50.
Instituteurs, rue Lepic, 25.
Relieurs Doreurs, r. des Gds-Augustins, 28
Selliers, rue Paradis-Poissonnière, 11 ou 18.
Chemisiers, rue Aubry-le-Boucher, 55.
Mécaniciens, rue N.-Dame-de-Nazareth, 66.
Modeleurs en Fonte, rue des Amandiers, 14.
Charpentiers, rue St-Paul, 9.
Couvreurs, rue Vieille du Temple, 123.
Serruriers, rue des Filles-du-Calvaire, 7.
Couturières et Lingeres, 11, rue de Turenne.
Ebénistes, passage Ste-Marie, 3, à Charonne.
Fondeurs en caractères, rue de la Roquette.
Carçons de salles, rue Coquillère, 33.
Maçons, 27, rue Dulong.
Tablettiers en Peignes, impasse Popincourt, 4, rue Folie-Méricourt, 14
Carrossiers, rue Desmours, 3.
Meubles sculptés, pass. Ste-Marie, 3.
Scieurs de long, rue Cardinal-Lemoine, 74.
Parquetteurs, rue Petrelle, 24.

ALMANACH DES TRAVAILLEURS.

Pour préparer l'*Almanach des Travailleurs* de **1878**, nous prions tous ceux qui ont des communications à nous faire, des rectifications à demander, des annonces à nous donner, de nous écrire sans retard, afin de rendre notre almanach aussi complet et aussi utile qu'il peut l'être.

SOCIETE COOPÉRATIVE ANONYME
D'IMPRIMERIE et de LIBRAIRIE

Les esprits sont en fermentation parce que la société doit nécessairement enfanter un nouveau système économique. L'ancienne organisation craque de toutes parts ; les forts se sont emparés de toutes les avenues et les faibles en subissent les conséquences, ce qui rend les associations coopératives indispensables pour rétablir l'équilibre.

Dans cette lutte d'intérêts contraires, une société coopérative d'imprimerie et de librairie démocratiques, peut rendre de très-grands services au prolétariat.

Les citoyens animés d'un grand amour de la justice et des droits populaires pourront s'adresser au soussigné, pour avoir des renseignements sur le but que se proposent les hommes dévoués qui ont pris l'initiative de ce projet d'association.

Eugène CHEVALLIER.
11, *Rue Gabrielle, à Montmartre.*
A midi, tous les jours, le dimanche excepté.

On peut aussi communiquer par écrit et demander une entrevue en donnant un rendez-vous.

10me Livraison

CRÉATION

D'UN

JOURNAL

DES

TRAVAILLEURS

10me Cahier

Prix : 10 centimes.

SANCERRE
IMPRIMERIE ET LITHOGRAPHIE A. AUPETIT.

1877

SOCIÉTÉS DE CONSOMMATION

SOCIÉTÉ, rue de Reuilly, 17 ; — SOCIÉTÉ des EQUITABLES, boulev. de Gare, 211 ; — SOCIÉTÉ DU XVIIIe ARRONDISSEM[t], rue Doudeauville,
ECONOMIE OUVRIÈRE, à Ménilmontant, rue Delaître, 20.
L'UNION OUVRIÈRE, passage Ménilmontant, 10.
L'AVENIR DE PLAISANCE, rue Pernette, 30.
LA FOURMI, rue St-Denis 249; — LA COLLECTIVE, rue Montmorency, 9.
LA FRATERNELLE, petite rue des Lilas, 10.
LA FAMILLE DES FILEURS, boulev. de la Glacière, 147.
LA PROGRESSIVE. rue Descartes, 6; —LA MOISSONNEUSE, rue Basfroid, 4!
L'AVENIR DE VAUGIRARD, rue Lecourbe, 129 ;
L'ESPÉRANCE DE MONTMARTRE, rue Orsel, 5.
LA CONCORDE id. rue Versigny, 2.
L'AVENIR SOCIAL, à Saint-Denis, rue du Cygne 5.
LA REVENDICATION, à Puteaux. rue du Four, 8.
LE PROGRÈS. à Puteaux, rue Perrault, 42.
L'ABEILLE SURESNOISE, impasse Bourret, 7 (à Suresnes).
LA CONFIANCE, à Courbevoie, rue de l'Abreuvoir, 16.
L'UNION DES CONSOMMATEURS, à Levallois-Perret.
LA FAMILLE, rue Jean Nicot, 22.

SOCIÉTÉS COOPÉRATIVES DE PRODUCTION.

AMEUBLEMENTS SCULPTÉS, rue Saint-Ambroise, 9.
COCHERS DE PARIS, place Voltaire, 5.
CORDONNIERS, quai de Valmy, 71, et rue Turbigo, 32.
COMPTEURS A GAZ, rue du Faubourg-du-Temple, 75.
FERBLANTIERS-BOITIERS, rue de la Jussienne, 9.
FERBLANTIERS-LAMPISTES, rue de Bondy, 70.
IMMEUBLES (Epargne Immobilière), rue d'Arras, 3.
IMPRIMERIE NOUVELLE, rue des Jeûneurs, 14.
INSTRUMENTS DE MUSIQUE, rue Saint-Maur, 45.
LIMES, rue des Gravilliers, 48, et rue Traversière, 35.
LIMES, rue Henri Chevreau, 32.
LITHOGRAPHES, quai de Valmy, 21.
LUNETIERS, rue d'Anjou, 6.
MAÇONS ET TAILLEURS DE PIERRES, rue des Boulets, 73.
MARBRIERS, rue Saint-Maur, 63.
MENUISIERS EN BATIMENTS, 51, rue Cardinal-Lemoine.
PEINTRES EN BATIMENTS, rue Sedaine, 56.
PIANOS FACTEURS, rue des Poissonniers, 66.
TAILLEURS, rue Turbigo, 33.
TAILLEURS COUPEURS, faubourg Saint-Martin, 100.

CHAMBRES SYNDICALES OUVRIÈRES

Peintres-Céramistes, r. Fontaine-au-roi 26 b.
Bronziers, r. Neuve-Popincourt, 11.
Taillandiers, rue Saint-Antoine, 116.
Tailleurs d'Habits, rue de la Jussienne, 8.
Tailleurs Coupeurs, rue du Petit-Carreau. 9.
Cloutiers, place la Corderie-du-Temple, 6.
Mécaniciens de précision, rue Grands-Augustins, 28.
Facteurs de Pianos, rue d'Angoulême, 72.
Portefeuillistes, plac Corderie-du-Temple, 9
Ferblantiers, place Corderie-du-Temple, 9.
Menuisiers en Bâtiments, rue Pont-aux-Choux, 13.
Marbriers, rue Pont-aux-Choux, 13.
Galochiers, boulevard Picpus, 4.
Bijoutiers, rue Thévenot, 30.
Graveurs, rue des Filles-du-Calvaire, 7.
Cuirs et Peaux, rue Galande, 31
Passementiers, rue des Couronnes, 3
Tailleurs de Pierres, rue du Rocher, 88.
Peintres en Bâtiments, rue Ferme-Sai t-Lazare, 9.
Horlogers, rue du Poitou, 13.
Cuisiniers, rue aux Ours, 55.
Typographes Compositeurs, rue de Savoie 15
Conducteurs Imprimeurs Typographes, rue de la Harpe, 9.
Imprimeurs en taille-douce, rue de la Montagne Sainte-Geneviève, 46,
Plombiers-Couvreurs, rue Le Regrattier, 13
Tourneurs Robinettiers rue des Filles-du-Calvaire, 7.
Lithographes, rue St-Martin, 76.
Papeterie, rue Meslay 61.
Cordonniers, rue Pierre-au-Lord, 12
Vanniers, rue Gambey, 20.
Chapeliers, rue de Belleville, 24.
Tisseurs, rue des Envierges, 12.
Fumistes, rue des Amandiers, 106.
Dessinateurs d'Ameublements, rue Rochebrune.
Sculpteurs sur Bois, rue St-Sébastien, 48.
Tourneurs en Optique, rue de l'Ancienne-Comédie, 18.
Emballeurs, rue Montmartre, 50.
Instituteurs, rue Lemercier, 32.
Relieurs Doreurs, r des Gds-Augustins, 28
Selliers, rue Paradis-Poissonnière, 11 ou 18.
Chemisiers, rue Aubry-le-Boucher, 55.
Mécaniciens, rue N-Dame-de-Nazareth, 66.
Modeleurs en Fonte, rue des Amandiers, 14.
Charpentiers, rue St-Paul, 9.
Couvreurs, rue Vieille du Temple, 123.
Serruriers, rue des Filles-du-Calvaire, 7.
Couturières et Lingères, 86, avenue de Clichy
Ebénistes, passage Ste-Marie, 3, à Charonne.
Fondeurs en caractères, rue de la Roquette.
Garçons de salles, rue Coquillere, 33.
Maçons, 27, rue Dulong.
Tablettiers en Peignes, impasse Popincourt, 4, rue Folie-Méricourt, 14
Carrossiers, rue Desmours, 3.
Meubles sculptés, rue Servan, 38.
Scieurs de long, rue Cardinal-Lemoine, 74.
Parquetteurs, rue Petrelle, 24.

Nous prions les ouvriers et les ouvrières de nous faire connaître les adresses que nous avons omises, de nous faire rectifier les adresses qui peuvent être inexactes, etc.

Nous donnerons, sur la couverture de nos prochains cahiers, toutes les adresses que l'on voudra bien nous faire connaître, en nous les adressant, **11**, rue du Jour, ou à Montmartre, **11**, rue Gabrielle.

Organisation du Travail des Femmes

Il se forme actuellement à Paris une association très-importante (21, Passage du Désir, boulevard de Strasbourg). Des ouvrières dévouées se sont réunies pour créer une école professionnelle d'apprenties, afin d'améliorer la condition morale et matérielle de la femme, par des réformes efficaces dans l'organisation du travail.

Nous avons vu à l'œuvre ces généreuses citoyennes et nous avons pour elles la plus haute estime et une vive sympathie.

Il y a parmi ces femmes de bien, des couturières, lingères, modistes, fleuristes, institutrices, professeurs de dessin, etc. ; tout ce qu'il faut pour donner une bonne instruction professionnelle, théorique et pratique, — pratique surtout.

Nous engageons les philanthropes à visiter ces dames et à les soutenir ; elles ont tout pour bien faire, excepté les ressources pécuniaires. Faisons donc, nous, républicains, ce que font nos adversaires pour les établissements qu'ils patronnent ; donnons notre appui, notre obole aux œuvres qui se proposent le progrès, par la mise en pratique des réformes sociales.

EUGÈNE CHEVALLIER.

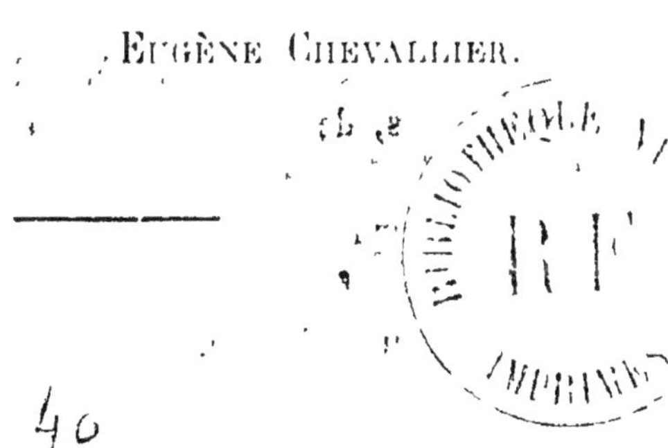

www.ingramcontent.com/pod-product-compliance
Ingram Content Group UK Ltd.
Pitfield, Milton Keynes, MK11 3LW, UK
UKHW021044200726
13857UKWH00003B/818

9 782012 980730